Die Erde ist ständigen Veränderungen unterworfen, die auf komplexe Weise zusammenwirken. Der Mensch greift massiv in die Abläufe der Umwelt ein, ohne die langfristigen Folgen wirklich kalkulieren zu können. Das Verständnis globaler Kreisläufe ist unerlässlich und bietet uns die wissenschaftlichen Grundlagen für eine bewusst nachhaltige Gestaltung der globalen Umwelt. Dieser Band erklärt die Vernetztheit der Erde und stellt mögliche Strategien unter anderem gegen die Übernutzung der natürlichen Ressourcen und andere nicht-nachhaltige Trends vor.

Jill Jäger ist Senior Researcher am Sustainable Europe Research Institute (SERI) in Wien.

Unsere Adressen im Internet: www.fischerverlage.de
                    www.hochschule.fischerverlage.de

Jill Jäger

WAS VERTRÄGT UNSERE ERDE NOCH?

Wege in die Nachhaltigkeit

In Zusammenarbeit
mit Lisa Bohunovsky, Stefan Giljum,
Fritz Hinterberger, Ines Omann
und Doris Schnepf

Herausgegeben von
Klaus Wiegandt

Fischer Taschenbuch Verlag

FSC

Mix
Produktgruppe aus vorbildlich
bewirtschafteten Wäldern und
anderen kontrollierten Herkünften

Zert.-Nr. GFA-COC-1223
www.fsc.org
© 1996 Forest Stewardship Council

4. Auflage: Mai 2007

Originalausgabe
Veröffentlicht im Fischer Taschenbuch Verlag,
einem Unternehmen der S. Fischer Verlag GmbH,
Frankfurt am Main, Januar 2007

© 2007 Fischer Taschenbuch Verlag in der
S. Fischer Verlag GmbH, Frankfurt am Main
Gesamtherstellung: Clausen & Bosse, Leck
Printed in Germany
ISBN 978-3-596-17270-2

Inhalt

Vorwort des Herausgebers
Handeln – aus Einsicht und Verantwortung   9

Vorwort der Autorinnen und Autoren   21

Einleitung   23

1. **Der globale Wandel**   29
   Bevölkerungswachstum   30
   Wirtschaftliche Aktivitäten   35
   Schwellenwerte   43
   Die Erde als System   44
   Erste Warnungen der Wissenschaft   46
   Erste Handlungen   49
   Luftverschmutzung   49
   Der Abbau von Ozon in der Stratosphäre   51
   Die Forderung einer nachhaltigen Entwicklung   55
   Die UNO-Konferenz über Umwelt und Entwicklung
      von Rio de Janeiro   57
   Die Milleniumsziele   62
   Die Johannesburg-Konferenz 2002   63
   Was ist erreicht worden?   64
   Die Armut wächst weiter   64
   Ressourcenverbrauch wächst weiter   66
   Resümee   67

2. **Das System Erde**   71
   Was ist eigentlich ein System?   72
   Einfache Systeme   74
   Komplexe Systeme   74
   Das komplexe System Erde   80
   DPSIR – ein Ansatz zur Beschreibung der Auswirkungen
      unserer Aktivitäten auf die Umwelt   82
   Der Klimawandel   86
   Die Geschichte vom Viktoriabarsch   99
   Ein Staudamm in Ghana   104
   Resümee: Vernetzt handeln   106

3. **Ressourcenverbrauch – wir leben über unsere Verhältnisse**   109
   Der Mensch ist Teil der Natur   109
   Wie wir die Natur nutzen: Zahlen und Fakten   120
   Der Ressourcenhunger moderner Großstädte   122
   Reich gegen Arm: die ungleiche Verteilung
      des Naturverbrauchs   124
   Der globale Ressourcenverbrauch in der Zukunft   129
   Wie effizient nutzen wir natürliche Ressourcen?   131
   Die Antriebskräfte der gegenwärtigen Entwicklungen   133
   Globale Ressourcengerechtigkeit   143

4. **Visionen einer nachhaltigen Zukunft**   149
   Die Effizienzstrategie   150
   Beispiele für materialeffiziente Produktion   156
   Die Suffizienzstrategie   160
   Wachsender Wohlstand bedeutet nicht immer
      wachsendes Glück   162
   Erwerbsarbeit und Glück   170
   Ein ganzheitlicher Arbeitsbegriff: Mischarbeit   173
   Wie real ist die Vision einer nachhaltigen Gesellschaft?   178

5. Wege in die Nachhaltigkeit 180

    Von der Umweltpolitik zur Ressourcenpolitik 181

    Die neue Umweltpolitik: Vorsorge statt Nachsorge 182

    Die neue Wirtschaftspolitik 184

    Bildung und Förderung 188

    Freiwillige Vereinbarungen 188

    Die richtige Mischung 189

    Faire Spielregeln in der Weltwirtschaft 189

    Die Macht der Suffizienz 194

    Die Umsetzung auf politischer Ebene 198

    Die Umsetzung auf individueller Ebene 209

    Einige Tipps für einen nachhaltigen Lebensstil 211

Glossar 215

Literaturhinweise 225

Vorwort des Herausgebers

Handeln – aus Einsicht und Verantwortung

»Wir waren im Begriff, Götter zu werden, mächtige Wesen, die eine zweite Welt erschaffen konnten, wobei uns die Natur nur die Bausteine für unsere neue Schöpfung zu liefern brauchte.«

Dieser mahnende Satz des Psychoanalytikers und Sozialphilosophen Erich Fromm findet sich in *Haben oder Sein – die seelischen Grundlagen einer neuen Gesellschaft* (1976). Das Zitat drückt treffend aus, in welches Dilemma wir durch unsere wissenschaftlich-technische Orientierung geraten sind.

Aus dem ursprünglichen Vorhaben, sich *der* Natur zu unterwerfen, um sie nutzen zu können (»Wissen ist Macht«), erwuchs die Möglichkeit, *die* Natur zu unterwerfen, um sie auszubeuten. Wir sind vom frühen Weg des Erfolges mit vielen Fortschritten abgekommen und befinden uns auf einem Irrweg der Gefährdung mit unübersehbaren Risiken. Die größte Gefahr geht dabei von dem unerschütterlichen Glauben der überwiegenden Mehrheit der Politiker und Wirtschaftsführer an ein unbegrenztes Wirtschaftswachstum aus, das im Zusammenspiel mit grenzenlosen technologischen Innovationen Antworten auf alle Herausforderungen der Gegenwart und Zukunft geben werde.

Schon seit Jahrzehnten werden die Menschen aus Kreisen der Wissenschaft vor diesem Kollisionskurs mit der Natur gewarnt. Bereits 1983 gründeten die Vereinten Nationen eine Weltkommission für Umwelt und Entwicklung, die sich 1987

mit dem so genannten Brundtland-Bericht zu Wort meldete.
Unter dem Titel »Our Common Future« wurde ein Konzept
vorgestellt, das die Menschen vor Katastrophen bewahren will
und zu einem verantwortbaren Leben zurückfinden lassen
soll. Gemeint ist das Konzept einer »langfristig umweltver-
träglichen Ressourcennutzung« – in der deutschen Sprache
als Nachhaltigkeit bezeichnet. Nachhaltigkeit meint – im
Sinne des Brundtland-Berichts – »eine Entwicklung, die den
Bedürfnissen der heutigen Generation entspricht, ohne die
Möglichkeiten künftiger Generationen zu gefährden, ihre
eigenen Bedürfnisse zu befriedigen und ihren Lebensstandard
zu wählen«.

Leider ist dieses Leitbild für ökologisch, ökonomisch und
sozial nachhaltiges Handeln trotz zahlreicher Bemühungen
noch nicht zu der Realität geworden, zu der es werden kann, ja
werden muss. Dies liegt meines Erachtens darin begründet,
dass die Zivilgesellschaften bisher nicht ausreichend infor-
miert und mobilisiert wurden.

Forum für Verantwortung

Vor diesem Hintergrund und mit Blick auf zunehmend war-
nende Stimmen und wissenschaftliche Ergebnisse habe ich
mich entschlossen, mit meiner Stiftung gesellschaftliche Verantwortung zu übernehmen. Ich möchte zur Verbreitung und
Vertiefung des öffentlichen Diskurses über die unabdingbar
notwendige nachhaltige Entwicklung beitragen. Mein Anliegen ist es, mit dieser Initiative einer großen Zahl von Menschen Sach- und Orientierungswissen zum Thema Nachhaltigkeit zu vermitteln sowie alternative Handlungsmöglichkeiten aufzuzeigen.

Denn das Leitbild »nachhaltige Entwicklung« allein reicht nicht aus, um die derzeitigen Lebens- und Wirtschaftsweisen zu verändern. Es bietet zwar eine Orientierungshilfe, muss jedoch in der Gesellschaft konkret ausgehandelt und dann in Handlungsmuster umgesetzt werden. Eine demokratische Gesellschaft, die sich ernsthaft in Richtung Zukunftsfähigkeit umorientieren will, ist auf kritische, kreative, diskussions- und handlungsfähige Individuen als gesellschaftliche Akteure angewiesen. Daher ist lebenslanges Lernen, vom Kindesalter bis ins hohe Alter, an unterschiedlichen Lernorten und unter Einbezug verschiedener Lernformen (formelles und informelles Lernen), eine unerlässliche Voraussetzung für die Realisierung einer nachhaltigen gesellschaftlichen Entwicklung. Die praktische Umsetzung ökologischer, ökonomischer und sozialer Ziele einer wirtschaftspolitischen Nachhaltigkeitsstrategie verlangt nach reflexions- und innovationsfähigen Menschen, die in der Lage sind, im Strukturwandel Potenziale zu erkennen und diese für die Gesellschaft nutzen zu lernen.

Es reicht für den Einzelnen nicht aus, lediglich »betroffen« zu sein. Vielmehr ist es notwendig, die wissenschaftlichen Hintergründe und Zusammenhänge zu verstehen, um sie für sich verfügbar zu machen und mit anderen in einer zielführenden Diskussion vertiefen zu können. Nur so entsteht Urteilsfähigkeit, und Urteilsfähigkeit ist die Voraussetzung für verantwortungsvolles Handeln.

Die unablässige Bedingung hierfür ist eine zugleich sachgerechte und verständliche Aufbereitung sowohl der Fakten als auch der Denkmodelle, in deren Rahmen sich mögliche Handlungsalternativen aufzeigen lassen und an denen sich jeder orientieren und sein persönliches Verhalten ausrichten kann.

Um diesem Ziel näher zu kommen, habe ich ausgewiesene Wissenschaftlerinnen und Wissenschaftler gebeten, in der

Reihe »Forum für Verantwortung« zu zwölf wichtigen Themen aus dem Bereich der nachhaltigen Entwicklung den
Stand der Forschung und die möglichen Optionen allgemein
verständlich darzustellen. Die ersten vier Bände zu folgenden
Themen sind erschienen:

– *Was verträgt unsere Erde noch? Wege in die Nachhaltigkeit*
  (Jill Jäger)
– *Kann unsere Erde die Menschen noch ernähren? Bevölke-
  rungsexplosion – Umwelt – Gentechnik* (Klaus Hahlbrock)
– *Nutzen wir die Erde richtig? Die Leistungen der Natur und
  die Arbeit des Menschen* (Friedrich Schmidt-Bleek)
– *Bringen wir das Klima aus dem Takt? Hintergründe und
  Prognosen* (Mojib Latif)

Vier Folgebände sind in Vorbereitung und werden Mitte 2007
erscheinen. Sie behandeln die Themen »Ressource Wasser«
(Wolfram Mauser), »Energien des 21. Jahrhunderts« (Hermann-Josef Wagner), »Entwicklung der Weltbevölkerung«
(Rainer Münz und Albert F. Reiterer) und »Die Bedeutung
der Ozeane für das Leben« (Katherine Richardson und Stefan
Rahmstorf).

Die letzten vier Bände der Reihe werden Ende 2007 erscheinen. Sie stellen Fragen nach dem möglichen Umbau der Wirtschaft (Bernd Meyer), nach der Bedrohung durch Infektions-
krankheiten (Stefan H. E. Kaufmann), nach der Gefährdung
der Artenvielfalt (Josef H. Reichholf) und nach einem möglichen Weg zu einer neuen Weltordnung im Zeichen der
Nachhaltigkeit (Harald Müller).

Zwölf Bände – es wird niemanden überraschen, wenn im
Hinblick auf die Bedeutung von wissenschaftlichen Methoden
oder die Interpretationsbreite aktueller Messdaten unter-

schiedliche Auffassungen vertreten werden. Unabhängig davon sind sich aber alle an diesem Projekt Beteiligten darüber einig, dass es keine Alternative zu einem Weg aller Gesellschaften in die Nachhaltigkeit gibt.

Öffentlicher Diskurs

Was verleiht mir den Mut zu diesem Projekt und was die Zuversicht, mit ihm die deutschsprachigen Zivilgesellschaften zu erreichen und vielleicht einen Anstoß zu bewirken?

Zum einen sehe ich, dass die Menschen durch die Häufung und das Ausmaß der Naturkatastrophen der letzten Jahre sensibler für Fragen unseres Umgangs mit der Erde geworden sind. Zum anderen gibt es im deutschsprachigen Raum bisher nur wenige allgemein verständliche Veröffentlichungen wie *Die neuen Grenzen des Wachstums* (Donella und Dennis Meadows), *Erdpolitik* (Ernst-Ulrich von Weizsäcker), *Balance oder Zerstörung* (Franz Josef Radermacher), *Fair Future* (Wuppertal Institut) und *Kollaps* (Jared Diamond). Insbesondere liegen keine Schriften vor, die zusammenhängend das breite Spektrum einer umfassend nachhaltigen Entwicklung abdecken.

Das vierte Kolloquium meiner Stiftung, das im März 2005 in der Europäischen Akademie Otzenhausen (Saarland) zu dem Thema »Die Zukunft der Erde – was verträgt unser Planet noch?«, stattfand, zeigte deutlich, wie nachdenklich eine sachgerechte und allgemein verständliche Darstellung der Thematik die große Mehrheit der Teilnehmer machte.

Darüber hinaus stimmt mich persönlich zuversichtlich, dass die mir eng verbundene ASKO EUROPA-STIFTUNG alle zwölf Bände vom Wuppertal Institut für Klima, Umwelt,

Energie didaktisieren lässt, um qualifizierten Lehrstoff für langfristige Bildungsprogramme zum Thema Nachhaltigkeit sowohl im Rahmen der Stiftungsarbeit als auch im Rahmen der Bildungsangebote der Europäischen Akademie Otzenhausen zu erhalten. Das Thema Nachhaltigkeit wird in den nächsten Jahren zu dem zentralen Thema der ASKO EUROPA-STIFTUNG und der Europäischen Akademie Otzenhausen.

Schließlich gibt es ermutigende Zeichen in unserer Zivilgesellschaft, dass die Bedeutung der Nachhaltigkeit erkannt und auf breiter Basis diskutiert wird. So zum Beispiel auf dem 96. Deutschen Katholikentag 2006 in Saarbrücken unter dem Motto »Gerechtigkeit vor Gottes Angesicht«. Die Bedeutung einer zukunftsfähigen Entwicklung wird inzwischen durch mehrere Institutionen der Wirtschaft und der Politik auch in Deutschland anerkannt und gefordert, beispielsweise durch den Rat für Nachhaltige Entwicklung, die Bund-Länder-Kommission, durch Stiftungen, Nicht-Regierungs-Organisationen und Kirchen.

Auf globaler Ebene mehren sich die Aktivitäten, die den Menschen die Bedeutung und die Notwendigkeit einer nachhaltigen Entwicklung ins Bewusstsein rufen wollen: Ich möchte an dieser Stelle unter anderem auf den »Marrakesch-Prozess« (eine Initiative der UN zur Förderung nachhaltigen Produzierens und Konsumierens), auf die UN-Weltdekade »Bildung für nachhaltige Entwicklung« 2005–2014 sowie auf den Film des ehemaligen US Vizepräsidenten Al Gore *An Inconvenient Truth* (2006) verweisen.

Wege in die Nachhaltigkeit

Eine wesentliche Aufgabe unserer auf zwölf Bände angelegten Reihe bestand für die Autorinnen und Autoren darin, in dem jeweils beschriebenen Bereich die geeigneten Schritte zu benennen, die in eine nachhaltige Entwicklung führen können. Dabei müssen wir uns immer vergegenwärtigen, dass der erfolgreiche Übergang zu einer derartigen ökonomischen, ökologischen und sozialen Entwicklung auf unserem Planeten nicht sofort gelingen kann, sondern viele Jahrzehnte dauern wird. Es gibt heute noch keine Patentrezepte für den langfristig erfolgreichsten Weg. Sehr viele Wissenschaftlerinnen und Wissenschaftler und noch mehr innovationsfreudige Unternehmerinnen und Unternehmer sowie Managerinnen und Manager werden weltweit ihre Kreativität und Dynamik zur Lösung der großen Herausforderungen aufbieten müssen. Dennoch sind bereits heute erste klare Ziele erkennbar, die wir erreichen müssen, um eine sich abzeichnende Katastrophe abzuwenden. Dabei können weltweit Milliarden Konsumenten mit ihren täglichen Entscheidungen beim Einkauf helfen, der Wirtschaft den Übergang in eine nachhaltige Entwicklung zu erleichtern und ganz erheblich zu beschleunigen – wenn die politischen Rahmenbedingungen dafür geschaffen sind. Global gesehen haben zudem Milliarden von Bürgern die Möglichkeit, in demokratischer Art und Weise über ihre Parlamente die politischen »Leitplanken« zu setzen.

Die wichtigste Erkenntnis, die von Wissenschaft, Politik und Wirtschaft gegenwärtig geteilt wird, lautet, dass unser ressourcenschweres westliches Wohlstandsmodell (heute gültig für eine Milliarde Menschen) nicht auf weitere fünf oder bis zum Jahr 2050 sogar auf acht Milliarden Menschen übertragbar ist. Das würde alle biophysikalischen Grenzen unseres

Systems Erde sprengen. Diese Erkenntnis ist unbestritten. Strittig sind jedoch die Konsequenzen, die daraus zu ziehen sind.

Wenn wir ernsthafte Konflikte zwischen den Völkern vermeiden wollen, müssen die Industrieländer ihren Ressourcenverbrauch stärker reduzieren als die Entwicklungs- und Schwellenländer ihren Verbrauch erhöhen. In Zukunft müssen sich alle Länder auf gleichem Ressourcenverbrauchsniveau treffen. Nur so lässt sich der notwendige ökologische Spielraum schaffen, um den Entwicklungs- und Schwellenländern einen angemessenen Wohlstand zu sichern.

Um in diesem langfristigen Anpassungsprozess einen dramatischen Wohlstandsverlust des Westens zu vermeiden, muss der Übergang von einer ressourcenschweren zu einer ressourcenleichten und ökologischen Marktwirtschaft zügig in Angriff genommen werden.

Die Europäische Union als stärkste Wirtschaftskraft der Welt bringt alle Voraussetzungen mit, in diesem Innovationsprozess die Führungsrolle zu übernehmen. Sie kann einen entscheidenden Beitrag leisten, Entwicklungsspielräume für die Schwellen- und Entwicklungsländer im Sinn der Nachhaltigkeit zu schaffen. Gleichzeitig bieten sich der europäischen Wirtschaft auf Jahrzehnte Felder für qualitatives Wachstum mit zusätzlichen Arbeitsplätzen. Wichtig wäre in diesem Zusammenhang auch die Rückgewinnung von Tausenden von begabten Wissenschaftlerinnen und Wissenschaftlern, die Europa nicht nur aus materiellen Gründen, sondern oft auch wegen fehlender Arbeitsmöglichkeiten oder unsicheren -bedingungen verlassen haben.

Auf der anderen Seite müssen die Schwellen- und Entwicklungsländer sich verpflichten, ihre Bevölkerungsentwicklung in überschaubarer Zeit in den Griff zu bekommen. Mit stärkerer Unterstützung der Industrienationen muss das von der Weltbevölkerungskonferenz der UNO 1994 in Kairo verabschiedete 20-Jahres-Aktionsprogramm umgesetzt werden.

Wenn es der Menschheit nicht gelingt, die Ressourcen- und Energieeffizienz drastisch zu steigern und die Bevölkerungsentwicklung nachhaltig einzudämmen – man denke nur an die Prognose der UNO, nach der die Bevölkerungsentwicklung erst bei elf bis zwölf Milliarden Menschen am Ende dieses Jahrhunderts zum Stillstand kommt –, dann laufen wir ganz konkret Gefahr, Ökodiktaturen auszubilden. In den Worten von Ernst Ulrich von Weizsäcker: »Die Versuchung für den Staat wird groß sein, die begrenzten Ressourcen zu rationieren, das Wirtschaftsgeschehen im Detail zu lenken und von oben festzulegen, was Bürger um der Umwelt willen Tun und Lassen müssen. Experten für ›Lebensqualität‹ könnten von oben definieren, was für Bedürfnisse befriedigt werden dürften« (*Erdpolitik*, 1989).

Es ist an der Zeit

Es ist an der Zeit, dass wir zu einer grundsätzlichen, kritischen Bestandsaufnahme in unseren Köpfen bereit sind. Wir – die Zivilgesellschaften – müssen entscheiden, welche Zukunft wir wollen. Fortschritt und Lebensqualität sind nicht allein abhängig vom jährlichen Zuwachs des Pro-Kopf-Einkommens. Zur Befriedigung unserer Bedürfnisse brauchen wir auch keineswegs unaufhaltsam wachsende Gütermengen. Die kurzfristigen Zielsetzungen in unserer Wirtschaft wie Gewinnmaximierung und Kapitalakkumulierung sind eines der Haupthindernisse für eine nachhaltige Entwicklung. Wir sollten unsere Wirtschaft wieder stärker dezentralisieren und den Welthan-

del im Hinblick auf die mit ihm verbundene Energiever-
schwendung gezielt zurückfahren. Wenn Ressourcen und
Energie die »wahren« Preise widerspiegeln, wird der weltweite Prozess der Rationalisierung und Freisetzung von Arbeitskräften sich umkehren, weil der Kostendruck sich auf die
Bereiche Material und Energie verlagert.

Der Weg in die Nachhaltigkeit erfordert gewaltige technologische Innovationen. Aber nicht alles, was technologisch
machbar ist, muss auch verwirklicht werden. Die totale Öko-
nomisierung unserer gesamten Lebensbereiche ist nicht er-
strebenswert. Die Verwirklichung von Gerechtigkeit und
Fairness für alle Menschen auf unserer Erde ist nicht nur aus
moralisch-ethischen Prinzipien erforderlich, sondern auch
der wichtigste Beitrag zur langfristigen Friedenssicherung.
Daher ist es auch unvermeidlich, das politische Verhältnis
zwischen Staaten und Völkern der Erde auf eine neue Basis zu
stellen, in der sich alle, nicht nur die Mächtigsten, wieder finden können. Ohne einvernehmliche Grundsätze »globalen
Regierens« lässt sich Nachhaltigkeit in keinem einzigen der in
dieser Reihe diskutierten Themenbereiche verwirklichen.

Und letztendlich müssen wir die Frage stellen, ob wir Menschen das Recht haben, uns so stark zu vermehren, dass wir
zum Ende dieses Jahrhunderts womöglich eine Bevölkerung
von 11 bis 12 Milliarden Menschen erreichen, jeden Quadrat-
zentimeter unserer Erde in Beschlag nehmen und den Lebensraum und die Lebensmöglichkeiten aller übrigen Arten immer mehr einengen und zerstören.

Unsere Zukunft ist nicht determiniert. Wir selbst gestalten
sie durch unser Handeln und Tun: Wir können so weiter-
machen wie bisher, doch dann begeben wir uns schon Mitte
dieses Jahrhunderts in die biophysikalische Zwangsjacke der
Natur mit möglicherweise katastrophalen politischen Ver-

wicklungen. Wir haben aber auch die Chance, eine gerechtere und lebenswerte Zukunft für uns und die zukünftigen Generationen zu gestalten. Dies erfordert das Engagement aller Menschen auf unserem Planeten.

Danksagung

Mein ganz besonderer Dank gilt den Autorinnen und Autoren dieser zwölfbändigen Reihe, die sich neben ihrer hauptberuflichen Tätigkeit der Mühe unterzogen haben, nicht für wissenschaftliche Kreise, sondern für eine interessierte Zivilgesellschaft das Thema Nachhaltigkeit allgemein verständlich aufzubereiten. Für meine Hartnäckigkeit, an dieser Vorgabe weitestgehend festzuhalten, bitte ich an dieser Stelle nochmals um Nachsicht. Dankbar bin ich für die vielfältigen und anregenden Diskussionen über Wege in die Nachhaltigkeit.

Bei der umfangreichen Koordinationsarbeit hat mich von Anfang an ganz maßgeblich Ernst Peter Fischer unterstützt – dafür meinen ganz herzlichen Dank, ebenso Wolfram Huncke, der mich in Sachen Öffentlichkeitsarbeit beraten hat. Für die umfangreichen organisatorischen Arbeiten möchte ich mich ganz herzlich bei Annette Maas bedanken, ebenso bei Ulrike Holler vom S. Fischer Verlag für die nicht einfache Lektoratsarbeit.

Auch den finanziellen Förderern dieses Großprojektes gebührt mein Dank: allen voran der ASKO EUROPA-STIFTUNG (Saarbrücken) und meiner Familie sowie der Stiftung Europrofession (Saarbrücken), Erwin V. Conradi, Wolfgang Hirsch, Wolf-Dietrich und Sabine Loose.

Seeheim-Jugenheim   Stiftung Forum für Verantwortung
Sommer 2006   Klaus Wiegandt

Vorwort der Autorinnen und Autoren

Im April 2005 kam Klaus Wiegandt nach Wien, um mit Jill Jäger über sein Großprojekt »Forum für Verantwortung« zu diskutieren. Er suchte einen Autor oder eine Autorin für den ersten Band seiner geplanten Reihe, in dem die Perspektiven des globalen Wandels und eine Einführung zu dem Thema »Nachhaltigkeit« gegeben werden sollten.

Jill Jäger nahm das Angebot an, das Projekt im Rahmen ihrer Tätigkeiten am Sustainable Europe Research Institute (SERI) in Wien zu realisieren. SERI ist ein europäisches Netzwerk zur Untersuchung gesellschaftlicher Optionen für nachhaltige Entwicklung in Europa. Das Institut untersucht ökologische, wirtschaftliche, soziale und institutionelle Bedingungen für Nachhaltigkeit, entwickelt und verbreitet Information über ökologische Grenzen, zeigt mögliche Schritte zur Überwindung dieser ökologischen Beschränkungen und erarbeitet wissenschaftlich fundierte und politisch nutzbare Politikvorschläge für eine nachhaltige Entwicklung in Europa.

Das geplante Buch wurde sehr schnell ein Projekt, in dem sechs Autorinnen und Autoren zusammenarbeiteten. Auf diese Weise konnte das von den SERI-Mitarbeitern und -Mitarbeiterinnen repräsentierte Wissen über Themen wie globaler Wandel, Ressourcenverbrauch, Wirtschaft, Arbeit und nachhaltige Entwicklung zusammengeführt werden. Das Schreiben, Diskutieren und Kommentieren hat uns einander näher gebracht und uns nachdrücklich zu Bewusstsein geführt, wie wichtig das Ziel einer nachhaltigen Entwicklung inzwischen geworden ist.

Wir wollen uns hier insbesondere bei unseren SERI-Kolleginnen und -Kollegen, Arno Behrens, Gabriela Christler, Mark Hammer, Sabine Maier, Anna Schreuer und Andrea Stocker sowie Jordis Grimm und Harald Hutterer bedanken. Sie haben Entwürfe durchgelesen und kommentiert und die Arbeit an diesem Buch auch anderweitig unterstützt. Zahlreiche Freunde und Familienmitglieder haben uns ebenfalls mit ihren Kommentaren und Ideen geholfen. Wir danken auch Professor Friedrich Schmidt-Bleek und Professor Bernd Meyer für ihre Kommentare zum Buchmanuskript sowie Herrn Thomas Menzel für das kritische Lektorat. Darüber hinaus danken wir besonders Herrn Klaus Wiegandt, der uns diese Möglichkeit gegeben hat, unsere Perspektive darzustellen.

Wien, Juni 2006   Jill Jäger, Lisa Bohunovsky, Stefan Giljum,
                   Fritz Hinterberger, Ines Omann und
                   Doris Schnepf

Einleitung

Dieses Buch versteht sich als Einführungsband für die Reihe »Forum für Verantwortung«. Es beschreibt die gegenwärtige Situation der Erde und mögliche Handlungsoptionen. Werden bei dieser Darstellung Themen berührt, die in anderen Bänden ausführlich abgehandelt werden, so wird auf diese verwiesen.

Die Hauptmotivation, dieses Buch zu schreiben, liegt für uns Autorinnen und Autoren in der Tatsache, dass die Situation auf unserem Planeten viel dramatischer ist, als viele glauben. Wir wollen aber auch zeigen, dass es gute Handlungsoptionen gibt. Anstelle einer weitläufigen Einleitung beschreiben die folgenden zehn Fragen und Antworten, worum es uns geht.

1. Welche Zukunft wollen wir?

Wie wird die Welt in 50 Jahren aussehen? Wird es eine Welt sein, in der die Natur keinen Wert hat und der Klimawandel jährlich für Mensch und Wirtschaft katastrophale Ereignisse verursacht? Eine Welt, in der der Wettbewerb dominiert und die Kluft zwischen Arm und Reich noch größer ist als heute? Eine fragmentierte Welt also, in der sich die Regionen voneinander abkapseln oder gar gegeneinander kämpfen? Oder wird es vielleicht doch eine friedliche Welt sein, in der die Umwelt

geschont wird und Ressourcen fair verteilt werden? Wollen
wir diese friedliche Welt, müssen wir heute anfangen zu handeln.

2. Was bedeutet »globaler Wandel«?

Der Begriff »globaler Wandel« wird in wissenschaftlichen
Kreisen verwendet, um die tief greifenden Veränderungen der
Umwelt zu beschreiben, die in den letzten Jahren und Jahrzehnten beobachtet wurden: Klimawandel, Wüstenbildung,
Artensterben etc. Die Ursachen dieser Veränderungen sind in
der steigenden Anzahl von Menschen und deren Aktivitäten
begründet. Besonders beunruhigend: Die Transformation der
Umwelt zeigte in der zweiten Hälfte des 20. Jahrhunderts eine
dramatische Beschleunigung (Kap. 1).

3. Ist die Situation wirklich so dramatisch, oder haben wir noch Zeit zu handeln?

Die Situation ist dramatisch – vor allem aus drei Gründen: Die
meisten Einflussgrößen, die für Umweltveränderungen rele-
vant sind (wie wirtschaftliche Entwicklung, der Konsum in
den Industrieländern, die Größe der Weltbevölkerung, Ressourcenverbrauch und Energieverbrauch), erfreuen sich weiterhin ungebremsten Wachstums. Die Weltbevölkerung
steigt seit Anfang des letzten Jahrhunderts exponentiell an.
Und die Zerstörung der Natur, die die Grundlage unserer
Existenz ist, bedroht inzwischen die Lebensqualität der heutigen und künftigen Generationen. Die Zeit zum Handeln ist
überfällig (Kap. 1).

4. Was sind die treibenden Kräfte für Umweltveränderungen?

Menschliche Aktivitäten sind die stärksten Kräfte des globalen Wandels. Der Verbrauch von natürlichen Ressourcen wird durch Landwirtschaft, Nahrungsmittelproduktion, Industrie, Energiebereitstellung, Verstädterung, Transport, Tourismus und internationalen Handel beeinflusst. Durch diese Aktivitäten werden die Zusammensetzung der Atmosphäre, die Eigenschaften der Landoberfläche, die Artenvielfalt, das Weltklima und die Strömungen in den Ozeanen verändert (Kap. 2).

5. Warum müssen die Industriestaaten jetzt ihren Ressourcenverbrauch reduzieren?

Die Erde kann nur ein beschränktes Ausmaß an Umweltbelastungen aufnehmen, bevor die globalen Ökosysteme kippen. Vor allem die Einwohner der reichen Industriestaaten verursachen durch ihren hohen Konsum globale Umweltprobleme. Sie verbrauchen weit mehr, als ihnen bei einer gerechten Verteilung der Ressourcen zustehen würde. Ihr Ressourcenverbrauch muss reduziert werden, um den Menschen in anderen Kontinenten einen fairen Anteil am globalen Umweltraum zu überlassen und um zu verhindern, dass die Welt in eine ökologische Katastrophe schlittert. Dies verlangt fundamentale Änderungen in Wirtschaftsweise und Lebensstil. Parallel dazu muss das Bevölkerungswachstum in den Entwicklungsländern gebremst werden (Kap. 3).

6. Reichen technologische Innovationen aus, um den Ressourcenverbrauch zu reduzieren?

Sowohl weltweit als auch in Europa können wir in den letzten Jahrzehnten eine ähnliche Entwicklung beobachten: Die Wirtschaft nutzt die eingesetzten Rohstoffe und die Energie immer effizienter. Ein Hauptgrund für diese Entwicklung ist der Einsatz neuer Technologien. Dies führt jedoch zu keiner Entlastung der globalen Ökosysteme. Denn gleichzeitig stellt der Mensch immer mehr Güter her und verbraucht immer mehr Energie. Technologische Innovation allein reicht also nicht aus, um eine Reduktion des Ressourcenverbrauchs in den Industrieländern zu erzielen. Vielmehr sind weiterführende Maßnahmen notwendig, die den Wert der Natur wirklich reflektieren. Dazu gehören auch Preise, die die wahren Kosten widerspiegeln, und ein Steuersystem, das »ökoeffiziente« Produkte fördert (Kap. 3).

7. Müssen wir wirtschaftlich immer weiter wachsen, um unseren heutigen Lebensstandard zu halten?

Wirtschaftswachstum gehört neben dem Bevölkerungswachstum zu den wichtigsten »Treibern« der globalen Umweltveränderungen. Während die armen Teile der Welt deutlich mehr Einkommen brauchen, um ihren Lebensstandard zu erhöhen, macht mehr Einkommen in Europa, Amerika und Japan immer weniger Menschen »glücklich«. Im Gegenteil: Stress und Vereinsamung nehmen zu, Konsum gleicht immer häufiger einem Suchtverhalten, Krankheiten entstehen zunehmend aus dem Überfluss (Fettleibigkeit, Allergien) und nicht aus dem Mangel. Individuelles Wohlergehen speist sich mehr und mehr aus »inneren Werten« (Zufriedenheit, Beziehungsglück, Naturerleben) und nicht aus materiellem Wohlstand (Kap. 4).

8. Was ist eine nachhaltige Entwicklung?

Die Weltkommission für Umwelt und Entwicklung forderte bereits 1987, also vor 20 Jahren, in ihrem Bericht eine nachhaltige Entwicklung (genaue Definition in Kap. 1). Eine solche Entwicklung verhindert die Zerstörung der natürlichen Lebensgrundlage und erlaubt es allen Menschen, heute und in der Zukunft ohne Armut und Hunger in Frieden und glücklich zu leben. Eine nachhaltige Entwicklung sorgt für Ausgleich zwischen Arm und Reich, zwischen Ressourcenverschwendung und Mangel, zwischen heutigen und künftigen Generationen (Kap. 1–5).

9. Liegt es nicht an den Politikern, eine nachhaltige Entwicklung umzusetzen?

Bei der Rio-Konferenz 1992 haben die Regierungen der Welt sich zu einer nachhaltigen Entwicklung verpflichtet. In der Rio-Deklaration wurde entsprechend erstmals das Recht auf eine solche Entwicklung global verankert. Leider ist in den darauf folgenden Jahren vieles von dem, was versprochen wurde, nicht umgesetzt worden. Ähnliches gilt für die Milleniumsziele der Vereinten Nationen aus dem Jahr 2000.

Die internationalen politischen Zielvorgaben werden national häufig nicht realisiert, weil kurzfristiges Denken und wirtschaftliche Ziele die Politik dominieren. Die Erfahrung zeigt, dass die Bevölkerung und vor allem auch die Wirtschaft sich an Handlungen beteiligen müssen, die eine nachhaltige Entwicklung unterstützen. Erst wenn die Politiker und Politikerinnen erkennen, dass sie Wahlen gewinnen können, wenn sie sich für eine nachhaltige Entwicklung einsetzen, werden sie das Thema wirklich ernst nehmen (Kap. 5).

10. Was können wir tun?

Es gibt eine Reihe von politischen Maßnahmen und Instrumenten, die zur Steigerung der Ressourcenproduktivität und zur Verringerung des Ressourcenverbrauchs eingesetzt werden können. Durch den richtigen Mix dieser Instrumente können sowohl die Umwelt wie auch die Wirtschaft profitieren. Nachhaltige Entwicklung erfordert ein gesellschaftliches Umdenken, das heißt eine Veränderung in der Prioritätensetzung – sowohl der Gesellschaft als Ganzes wie auch jedes Einzelnen. Jeder kann im alltäglichen Leben damit beginnen, Nachhaltigkeit Wirklichkeit werden zu lassen (Kap. 5).

1. Der globale Wandel

»Wir sind die erste Generation, die durch ihre ethischen Entscheidungen bestimmen muss, ob sie zugleich auch die letzte
sein wird.«   Jonathan Granoff, Friedensnobelpreisträger

Der Begriff »globaler Wandel« ist in aller Munde. Er bezeichnet zusammenfassend eine Vielzahl von Veränderungen, die
unseren Planeten mit zunehmender Geschwindigkeit erfassen. In diesem Kapitel werden wir darstellen, warum dies so
ist. Die Ursachen des Wandels sind verkürzt ausgedrückt die
explosionsartige Zunahme der Bevölkerung in der zweiten
Hälfte des 20. Jahrhunderts und die seit der Industriellen Revolution stetig zunehmenden wirtschaftlichen Aktivitäten
der Menschen. Beide Entwicklungen haben dazu geführt, dass
sich unser Planet mit immer größer werdender Geschwindigkeit verändert. Wir werden die wichtigsten Veränderungen in
diesem Zusammenhang skizzieren und ihre Vernetzung im
System Erde beschreiben.

Seit einigen Jahrzehnten versuchen Politik, Wissenschaft
und Technik, auftretenden Umweltveränderungen entgegen-
zutreten. Erste Schritte in Richtung einer »nachhaltigen Entwicklung« sind erfolgt, aber vieles ist Papier geblieben. Wir
werden diesen Prozess nachvollziehen und Bilanz ziehen: Was
wurde erreicht? Welche Ziele wurden verfehlt?

Die Erde hat in ihrer langen Geschichte immer große Veränderungen erlebt, zum Beispiel die Verschiebung der Kontinente und große Klimaänderungen. Auch die Evolution sorgt durch das Auftreten und Verschwinden von Lebewesen für steten Wandel.

Seit einigen Jahren aber wird immer klarer, dass es nun die menschlichen Einflüsse sind, die sehr große Änderungen in kurzer Zeit verursachen. Überflutungen, Dürreperioden, Wirbelstürme, Luftverschmutzung, Abholzung, Ausdehnung von Wüsten, Wasserverunreinigung, aber auch Globalisierung, wachsende Armut, Epidemien oder die Verbreitung von Informations- und Kommunikationstechnologien sind Beispiele für Entwicklungen, die globalen Wandel bewirken. Sie finden mit zunehmender Geschwindigkeit statt. Eine von zwei Hauptursachen: das Bevölkerungswachstum.

Bevölkerungswachstum

In Abb. 1.1 sind einige Trends dargestellt, die den Zusammenhang zwischen Bevölkerungswachstum und globalem Wandel belegen.

Die Weltbevölkerung (Abb. 1.1 a) betrug im Jahre 1700 rund eine halbe Milliarde Menschen. Diese Zahl stieg nur langsam in den folgenden 200 Jahren. Um 1900 begann sie jedoch schneller zu wachsen. Nach 1950 hat das Wachstum dramatisch zugenommen. Von etwa 2,5 Milliarden Menschen stieg die Weltbevölkerung auf 6 Milliarden bis zur Jahrtausendwende. Während die Zunahme in den 200 Jahren zwischen 1700 und 1900 nur ungefähr eine halbe Milliarde ausmachte, betrug sie in den letzten 50 Jahren des 20. Jahrhunderts etwa 4 Milliarden.

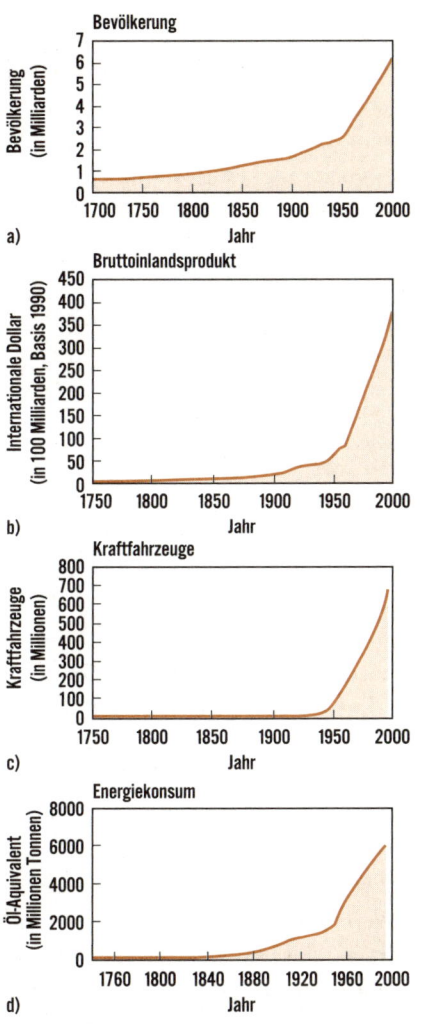

Abb. 1.1 Die Veränderungen der menschlichen Aktivitäten in den letzten 300 Jahren: (a) Weltbevölkerung; (b) globales Bruttoinlandprodukt; (c) Kraftfahrzeuge; (d) Energiekonsum.

Das 1972 erschienene Buch *Die Grenzen des Wachstums* (im Original: *Limits of Growth*) machte das exponentielle Wachstum der Weltbevölkerung deutlich. Exponentiell bedeutet, dass die Zunahme in einem definierten Zeitintervall von zum Beispiel einem Jahr nicht konstant ist, sondern im Verhältnis zum vorhandenen Bestand wächst. Man stelle sich einen kleinen Teich vor, in dem sich eine (nur eine!) Wasserlilie befindet. Diese Wasserlilie aber fängt an, sich zu vermehren, und zwar so, dass sich ihre Anzahl jeden Tag verdoppelt. Würde sich die Pflanze ungebremst weiter vermehren, wäre am 30. Tag der Teich komplett bedeckt, und alle anderen Lebewesen im Teich würden dann sterben. In den ersten Tagen scheint die Lage jedoch nicht so dramatisch zu sein. Es wird nicht eingegriffen, bis die Pflanzen ungefähr die Hälfte des Teichs zudecken. Aber das ist erst am 29. Tag der Fall! Aufgrund ihres exponentiellen Wachstums können die Pflanzen die andere Hälfte in nur einem Tag bedecken. Es bleibt also nur ein einziger Tag, um die Gefahr zu bannen und den Teich zu retten.

Nach Abschätzungen von Rainer Münz (unter dem Arbeitstitel »Die Entwicklung der Weltbevölkerung« liefert er auch einen Beitrag für diese Reihe) wächst die Weltbevölkerung derzeit jedes Jahr um etwa 76 Millionen Menschen, also um fast 210 000 pro Tag. Ist der Teich Erde damit, um im Bild zu bleiben, bereits halb bedeckt?

Die Bevölkerungsforscher der UN erwarten bis 2050 einen Anstieg der Weltbevölkerung auf circa 9 Milliarden Menschen und bis zum Jahr 2100 eventuell gar auf 11–12 Milliarden. Gleichzeitig wird im 21. Jahrhundert eine demographische Alterung und in Teilen der Welt eine einsetzende Schrumpfung der Bevölkerung zu beobachten sein. Auch wenn die Wachstumsrate im Laufe dieses Jahrhunderts ge-

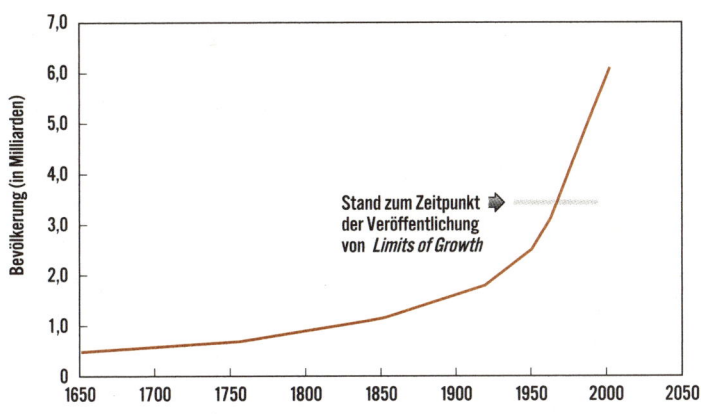

Abb. 1.2 Das Wachstum der Weltbevölkerung vor und nach der Veröffentlichung des Buches *Limits of Growth*.

genüber der zweiten Hälfte des 20. Jahrhunderts sinken wird, bleibt das Bevölkerungswachstum ein Zukunftsproblem.

An dieser Stelle muss zudem betont werden, dass die reine Bevölkerungszahl nur ein Teil des Problems ist. Denn wenn die Geburtenrate in den meisten Industrieländern zurückgeht, bedeutet dies nicht unbedingt, dass der Druck auf die Umwelt sinkt. Grund: Anstelle der traditionellen Großfamilie wird es viele »Singles« geben. Wenn immer mehr Menschen eine eigene Wohnung oder ein eigenes Haus besitzen, steigen der Flächenverbrauch für Wohnraum und ebenso der Ressourcenbrauch.

Es gibt viele Gründe, warum das Problem des Bevölkerungswachstums nicht entschlossen angegangen wird – politische, religiöse und gesellschaftliche. Dabei sind sich die Experten einig, dass vor allem Primarschulbildung (Alphabetisierung) und die Stärkung der Frauen in der Gesellschaft wichtige Gegenmittel sind – dies vor allem in den Entwicklungsländern.

Zur Verwirklichung der allgemeinen Primarschulbildung: Noch im Jahr 2005 gingen mehr als 115 Millionen Kinder im Grundschulalter nicht zur Schule. Sie stammen zum größten Teil aus armen Haushalten, in denen auch die Mütter oft keine Schulbildung erhielten. Bildung, insbesondere für Mädchen, hat wirtschaftlichen und sozialen Nutzen für die Gesellschaft insgesamt. Gebildete Frauen haben mehr Möglichkeiten, wirtschaftlich autark zu sein, und sind stärker im öffentlichen Leben engagiert. Sie tendieren dazu, weniger und gesündere Kinder zu bekommen, die zur Schule gehen werden. Bildung ist also der Schlüssel, um den Teufelskreis »Armut – Bevölkerungswachstum« zu durchbrechen.

In fünf der sieben Weltregionen ist das Ziel der allgemeinen Primarschulbildung fast erreicht, aber sehr große Anstrengungen werden weiterhin notwendig sein in Afrika südlich der Sahara, in Südasien und Ozeanien. Gleichzeitig ist es fast überall erforderlich, sicherzustellen, dass die Kinder die Schule abschließen und eine vollständige Schulbildung von möglichst hoher Qualität bekommen. In Afrika südlich der Sahara zum Beispiel beendet nur knapp die Hälfte der Kinder die Primarschule. Kinder aus armen Verhältnissen gehen meist gar nicht zur Schule, weil sie arbeiten müssen.

Zur Förderung der Gleichheit der Geschlechter und zur Stärkung der Rolle der Frauen: Die Gleichstellung von Frauen und Männern ist ein Menschenrecht und von zentraler Bedeutung für die Reduktion des Bevölkerungswachstums. Sie bedeutet Gleichheit in Bildung und Arbeit und gleiche Kontrolle über Ressourcen sowie gleiche Repräsentation im öffentlichen und politischen Leben. In Südasien, in arabischen Ländern und in Afrika südlich der Sahara werden jedoch im

Verhältnis deutlich weniger Mädchen als Jungen zur Schule geschickt. Immerhin: Laut UN-Bericht zu den Milleniumszielen von 2005 kann für die Hälfte von 65 Entwicklungsländern (deren entsprechende Bevölkerungsdaten komplett vorlagen) die Gleichstellung von Mädchen und Jungen in der Primärbildung nachgewiesen werden, für 20 Prozent die Gleichstellung in der Sekundärbildung, aber nur für 8 Prozent in der höheren Bildung. Weltweit haben Frauen zudem nur 16 Prozent der Parlamentssitze inne. Männer dominieren Entscheidungsprozesse in Politik und Wirtschaft. Frauen, vor allem in Entwicklungsländern, haben schließlich auch einen deutlich kleineren Anteil an den bezahlten Arbeitsstellen.

In dieser Reihe beschäftigt sich das Buch von Klaus Hahlbrock (*Kann unsere Erde die Menschen noch ernähren? Bevölkerungsexplosion – Umwelt – Gentechnik*) ebenfalls mit dem Thema Bevölkerungswachstum.

Wirtschaftliche Aktivitäten

Wie in Abb. 1.1 b dargestellt, stieg das weltweite Bruttoinlandsprodukt zwischen 1700 und 1900 kaum an. Die Beschleunigung begann ähnlich wie bei der Bevölkerungszahl nach 1950. Die Weltwirtschaft wurde zwischen 1950 und 2000 zehnmal größer. Im gleichen Zeitraum ist die Bevölkerungszahl dreimal größer geworden.

Das Wachstum der Weltwirtschaft wurde von vielen Veränderungen begleitet. Als Beispiel können wir die Zahl der Kraftfahrzeuge (Abb. 1.1 c) und den Energiekonsum (Abb. 1.1 d) der Welt betrachten. Auch in diesen beiden Bereichen war der Anstieg nach 1950 sehr groß.

Welche Konsequenzen haben diese Änderungen in Bevölkerungszahl und Aktivität für die Erde? Die Statistiken zeichnen, so erläutern Will Steffen und seine Koautoren und Koautorinnen detailliert, ein alarmierendes Bild:

Fast 50 Prozent der Landoberfläche wurden durch menschliche Aktivitäten verändert, was große Konsequenzen für die Biodiversität, die Bodenstruktur (und damit für die Fruchtbarkeit der Erde) und das Klima hat. Das Aussterben von Tier- und Pflanzenarten an Land und im Wasser nimmt dramatisch zu, insbesondere seit 1950. Es wird geschätzt, dass die jetzige Geschwindigkeit des Aussterbens tausendmal höher ist als in früheren geologischen Perioden.

Feuchtgebiete in Küstenregionen sind durch menschliche Aktivitäten verändert worden, und die Hälfte der Mangrovenwälder wurde zerstört.

Inzwischen wird mehr Stickstoff durch menschliche Aktivitäten fixiert als durch natürliche Prozesse. Die Produktion von Kunstdünger und insbesondere die Emissionen von Stickoxiden aus Verbrennungen (Kraftwerke und Kraftfahrzeuge) und von Ammoniak aus Massentierhaltung verändern den so genannten Stickstoffkreislauf der Erde (Abb. 1.3 a). Dies führt wiederum zur Eutrophierung (Überdüngung) von Böden und Gewässern, das Grundwasser wird durch Nitratauswaschung aus den Böden belastet. Darüber hinaus wirken Stickoxide auch als Säurebildner (Stichwort »Saurer Regen«).

Die Konzentration von so genannten Treibhausgasen, die das Weltklima beeinflussen (wie Kohlendioxid und Methan), hat deutlich zugenommen. Zur Erinnerung: Kohlendioxid wird durch mehrere menschliche Aktivitäten, vor allem aber durch die Verbrennung von fossilen Brennstoffen (Kohle, Erdöl, Erdgas) in die Atmosphäre emittiert. Der Kohlendioxid-Gehalt der Atmosphäre war seit mindestens 650 000 Jahren nicht so hoch wie heute, und er ist seit der Industriellen

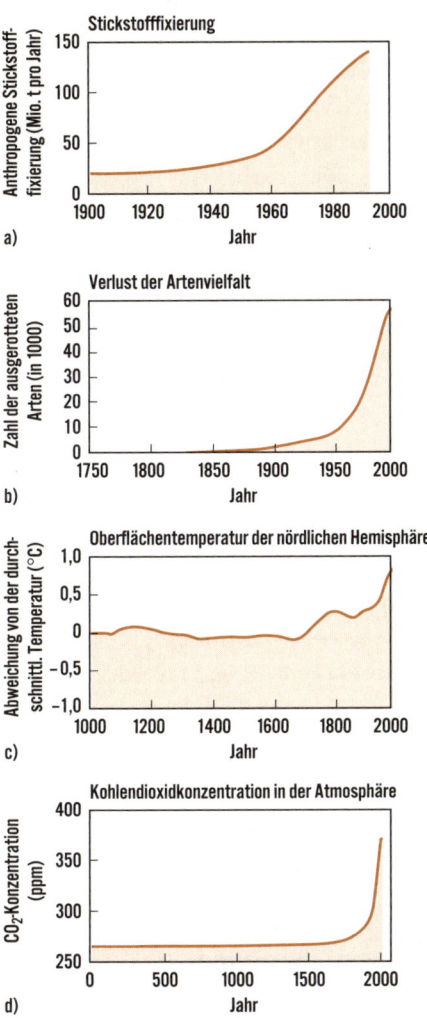

Abb. 1.3 Die Auswirkungen steigender menschlicher Aktivitäten: (a) Die Fixierung von Stickstoff; (b) das Aussterben von Tieren und Pflanzen; (c) durchschnittliche Temperatur der nördlichen Hemisphäre; (d) Konzentration von Kohlendioxid in der Atmosphäre.

Revolution messbar gestiegen (Abb. 1.3 d). Folge: Die durchschnittliche Temperatur der Erde ist im Vergleich zu den Jahren 1000 und 1700 angestiegen (Abb. 1.3 c). Von der gesamten beobachteten Erderwärmung der letzten 100 Jahre von insgesamt 0,8 °C gehen etwa 0,6 °C auf das Konto des Menschen. Ein zusätzlicher, aber geringerer Beitrag an der Erderwärmung von etwa 0,2 °C ist natürlichen Ursprungs. Bei weiter stark ansteigenden Treibhausgaskonzentrationen ist bis 2100 mit einer für die Menschheit einmaligen Erderwärmung zu rechnen (vgl. hierzu auch Kap. 2). Die von Menschen gemachten Änderungen der Treibhausgaskonzentration verursachen jetzt schon einmalige Änderungen des Energiehaushalts der Atmosphäre.

Die globale Erwärmung hat zu einer weltweiten Häufung von Wetterextremen in den letzten Jahrzehnten geführt. Sie hat ferner einen Rückgang der Schnee- und Eisbedeckung der Erde verursacht. Die Erwärmung der Weltmeere und das Schmelzen von Landeis haben bereits einen Anstieg des Meeresspiegels von 10−20 Zentimeter verursacht. Steigen die Treibhausgasemissionen weiter an, werden auch die Wetterextreme weiter zunehmen und der Meeresspiegel weiter steigen.

Mojib Latif beschreibt in seinem Buch *Bringen wir das Klima aus dem Takt? Hintergründe und Prognosen* die Vernetzungen im Klimasystem und wie menschliche Aktivitäten das Klima verändern. Er betont den großen Konsens in der internationalen Klimaforschung, dass der Mensch das Klima in immer stärkerem Maß beeinflusst.

Ein wesentlicher Teil der Vernetzungen im Klimasystem hängt mit dem Wasser zusammen. Wie Wolfram Mauser beschreibt, unterliegt Wasser einem Kreislauf, der durch Sonnenenergie getrieben wird. Dies bewirkt die Verdunstung von

Wasser zu Kondensation und Niederschlag sowie den Abfluss in Flüsse und ins Grundwasser. Im Verhältnis zur gesamten Wassermenge auf der Erde nimmt nur ein verschwindend kleiner Teil von 0,1 Prozent an dem für den Menschen relevanten kurzfristigen Wasserkreislauf teil. Der überwiegende Rest liegt in den großen Ozeanbecken und Eiskörpern und bewegt sich nur in Zeitskalen von mehreren tausend Jahren. Aber dieser kleine Anteil im kurzfristigen Wasserkreislauf verteilt das nutzbare Wasser auf der Erde und macht es der Natur und dem Menschen verfügbar.

Doch mehr als die Hälfte aller erreichbaren Süßwasserressourcen werden inzwischen für menschliche Anwendungen benötigt. Die Weltreserven an Süßwasser geraten somit durch Übernutzung, aber auch durch Verschmutzung zunehmend unter Druck. Bevölkerungswachstum, wachsende wirtschaftliche Aktivitäten der Bevölkerung sowie verbesserte Lebensbedingungen führen zu verstärkter Konkurrenz und zu Konflikten um die begrenzten Süßwasserressourcen. Wasser ist eine enorm wertvolle globale Naturressource, doch das Bewusstsein von ihrem ökologischen und ökonomischen Wert ist in Regionen, in denen heute schon Wassermangel herrscht, viel ausgeprägter als in den Gesellschaften der Industrieländer.

Wasser in flüssiger Form ist eine Grundvoraussetzung für die Funktion und Leistungsfähigkeit des Lebenserhaltungssystems unseres Planeten. Um diese Leistungsfähigkeit aufrechtzuerhalten, muss der heute noch begrenzte Kenntnisstand von der Ressource Wasser und der mit ihr verbundenen Probleme verbessert werden. Denn Ingenieure, Ökologen und Ökonomen sehen Wasser noch immer aus sehr unterschiedlichen Perspektiven. Wassernutzung und Landnutzung, so meinen Expertinnen und Experten wie auch der bereits er-

wähnte Wolfram Mauser (in dieser Reihe wird von ihm erscheinen: *Wie lange reicht die Ressource Wasser? Vom Umgang mit dem blauen Gold*), seien zwei Seiten der gleichen
Medaille, und doch bestehen oft scheinbar unüberbrückbare
Interessenskonflikte und Verständnisprobleme zwischen der
Landwirtschaft und der Wasserwirtschaft. Wie bei anderen
natürlichen Ressourcen, muss der wahre Wert des Naturpro-
dukts Wasser auch im Preis zum Ausdruck kommen, damit es
nicht sinnlos verschwendet wird.

Für die effektive Wassernutzung wird technologischer
Fortschritt gebraucht. Hierbei geht es um die Züchtung von
Pflanzen, die bei gleichen oder besseren Erträgen sparsamer
mit dem Wasser umgehen, um die Effizienzsteigerung der
weltweiten Bewässerungssysteme, um tierische Eiweißquel-
len, die zum Wachsen weniger Wasser brauchen oder die
nutzbare Fläche der Erde vergrößern. Aquakulturen zum Beispiel produzieren schon heute einen spürbaren Anteil der Ei-
weißversorgung im Wasser. Auch die Entwicklung einfacher
und kostengünstiger Wasseraufbereitungsanlagen zur Unterstützung der Selbstreinigungskraft der Gewässer und die
Steigerung der Effizienz industrieller Wassernutzung gehören zu den Aufgaben für die Zukunft.

Die Ozeane stellen eine für fast alle Menschen äußerst
fremde Umwelt dar. Wir kennen nur ein paar Küstengebiete,
einige Fischarten und die Bilder aus dem Weltall, die die
Größe der Ozeane ersichtlich machen. Sie bedecken nicht weniger als 70 Prozent der Erdoberfläche. Doch wir wissen nur
sehr wenig über das, was in den Tiefen der Meere stattfindet.
Katherine Richardson und Stefan Rahmstorf (*Was bedeuten
Ozeane für das Leben? Biologische und physikalische
Aspekte*) beschäftigen sich mit biologischen und physikalischen Aspekten der Ozeane und zeigen, dass sie ein wesent-

licher Teil des Systems Erde sind (siehe unten und Kap. 2). Sie liefern anschauliche Beispiele für die Verknüpfungen zwischen den Komponenten Luft, Wasser, Land und Leben für die Existenz von so genannten Schwellenwerten (siehe unten) und die Konsequenzen von menschlichen Aktivitäten.

Ein Beispiel für die Verknüpfung von Komponenten: Etwa die Hälfte des zusätzlichen Kohlendioxids, das in jüngster Zeit durch menschliche Aktivitäten in die Atmosphäre gelangte, wurde von den Ozeanen aufgenommen. Dies hat Konsequenzen für die Organismen, die das Meer bevölkern. Die zunehmende Kohlendioxid-Konzentration an der Meeresoberfläche erhöht dort auch den Säuregehalt und senkt den pH-Wert. Damit kann man vorhersagen, dass es zu negativen Folgen für alle Organismen, die Kalziumkarbonat produzieren, kommen wird. Die wahrscheinlich bekanntesten Kalziumkarbonat-Produzenten sind die Korallen. Auf der Basis von erwarteten pH-Werten und Wassertemperaturen in den Ozeanen lässt sich die Erkenntnis ableiten, dass nahezu alle Regionen in den Ozeanen der Welt, in denen chemisch die Voraussetzungen für die Produktion von Kalziumkarbonat gegeben sind, bis zum Jahre 2065 verschwunden sein werden, wenn die Kohlendioxid-Konzentration in der Atmosphäre weiter so ansteigen wird, wie es das Intergovernmental Panel for Climate Change (IPCC) prognostiziert hat.

Eine weitere Komponentenverknüpfung stellen die gewaltigen Meeresströmungen dar. Die globalen Zirkulationsmuster der Ozeane werden durch die Erwärmung stark beeinflusst. Durch klimabedingte Änderungen des Golfstroms im Nordatlantik könnte die globale Erwärmung lokal – in Europa – eventuell eine Abkühlung mit sich bringen. Hier spielen Schwellenwerte im System und Wechselwirkungen zwischen chemischen und physischen Prozessen eine wesentliche Rolle.

Menschliche Aktivitäten beeinflussen darüber hinaus auch den Fischbestand der Ozeane maßgeblich. In der zweiten Hälfte des 20. Jahrhunderts hat die Ausbeutung der Fischbestände explosionsartig zugenommen. Während um 1950 nur etwa 5 Prozent der Ozeane voll ausgebeutet oder gar überfischt waren, sind es gegenwärtig ungefähr 80 Prozent. Der Konsum von Speisefischen hat sich entsprechend in den letzten 40 Jahren vervierfacht. Besonders bei beliebten Arten wie Thunfisch und Kabeljau tilgte der Fischfang im vergangenen Jahrhundert 90 Prozent der Vorkommen in den Weltmeeren.

Wie Katherine Richardson beschreibt, besteht eines der Hauptprobleme in der derzeit am meisten befolgten Managementstrategie für die Fischerei: Diese geht von einer linearen Beziehung zwischen Fischbeständen und Fangdruck aus. Wenn zum Beispiel ein Fischgrund nahezu leer gefischt ist, wird angenommen, dass sich der Bestand nach Aufhebung des Fangdrucks wieder erholt. Unglücklicherweise zeigt die Erfahrung, dass dies keineswegs immer der Fall ist. Das vielleicht am besten dokumentierte Beispiel stammt aus Neufundland und betrifft die dortigen Bestände an Kabeljau. Hier hat man sich zwar 1992 für ein Moratorium ausgesprochen, aber bis heute zeigt sich nicht das geringste Zeichen für eine Wiederbelebung der Bestände. Niemand kann sagen, welche Mechanismen die Erholung der Bestände an dieser oder an anderen Stellen des Meeres verhindern. Die beschriebene Entwicklung kann sicherlich als Bestandteil des globalen Wandels angesehen werden. Sie wirft ernsthafte Fragen über die Zukunft des Fischfangs in den Ozeanen der Welt und die möglichen Auswirkungen von Überfischung auf das Meeresökosystem auf.

Schwellenwerte

Es ist an dieser Stelle hervorzuheben, dass all diese Änderungen nicht linear verlaufen. Wie wir schon in den Abb. 1.1 und 1.2 gesehen haben, haben sich viele Trends in den letzten 50 Jahren beschleunigt, und in diesem Beschleunigungsprozess werden kritische Schwellenwerte erreicht. Ist solch eine Schwelle einmal überschritten, finden schnelle, oft unvorhersehbare und dramatische Veränderungen statt. Beim Roden von tropischen Wäldern wird dies besonders deutlich: Solange nur kleine Gebiete abgeholzt wurden, hat dies kaum Einfluss auf die Zahl von Tier- und Pflanzenarten gehabt. Wenn aber ein gewisser Fragmentierungsgrad des Waldes erreicht ist, nimmt die Geschwindigkeit des Artenverlusts gravierend zu. Dieses Muster – bis zu einem bestimmten Schwellenwert wenige oder keine Veränderungen, nach dessen Überschreitung aber große und schnelle Wechsel – ist im natürlichen System der Erde der Normalfall. Das Problem dabei: Im Allgemeinen ist der Schwellenwert nicht vorhersehbar. Meist wird daher zu spät bemerkt, dass eine kritische Grenze überschritten wurde.

Hans-Joachim Schellnhuber vom Potsdam Institut für Klimafolgenforschung hat eine Weltkarte erstellt (Abb. 1.4), in der die kritischen Elemente des Erdsystems dargestellt sind. Sind bestimmte Schwellenwerte erreicht, kommt es danach zu katastrophalen Veränderungen. Zu diesen gehören:
– die Ausrottung des gesamten Tropenwaldes im Amazonas,
– die massive Änderung der Zirkulation der Ozeane,
– die Abschmelzung des Eises in der westlichen Antarktis,
– große Veränderungen im asiatischen Monsun.

Es versteht sich, dass eine solche Entwicklung große Konsequenzen für die Menschheit mit sich bringen würde, denn die

Abb. 1.4 Kritische Regionen der Erde, in denen das Überschreiten von Schwellenwerten massive und nicht vorhersehbaren Folgen haben könnte.

Dienstleistungen der Umwelt (z. B. frisches Wasser, Ernährung) würden empfindlich gestört, und die Risiken etwa durch Anstieg der Meereshöhe oder durch Klimaänderungen würden massiv erhöht.

Die Erde als System

Die beschriebenen Beispiele von Veränderungen, die durch menschliche Aktivitäten entstehen, sind schon an sich beeindruckend und Besorgnis erregend. Doch die reine Aufzählung verbirgt die Komplexität der Veränderungen und die Tatsache, dass sie stark miteinander zusammenhängen. Ein Beispiel: Wenn wir das Wachstum von Megastädten betrachten, sehen wir, dass viele dieser Städte in Küstenregionen wachsen. Dadurch werden sowohl die Landnutzung als auch die Ozeane und die Atmosphäre stark beeinflusst. Gleichzeitig aber sind die Küstenregionen von einem Anstieg des Meeresspiegels wegen der Erderwärmung und durch die zunehmende Intensität von extremen Wetterereignissen (Überflutungen, Dürreperioden, tropischen Wirbelstürmen etc.) bedroht. In den Städten wächst die Kluft zwischen Reich und Arm. Arme Stadtbewohner und Stadtbewohnerinnen haben immer weniger Möglichkeiten, sich an die Auswirkungen von Umweltveränderungen anzupassen. Dies erhöht die Wahrscheinlichkeit von Konfliktsituationen und reduziert die Lebensqualität in den Städten.

Weitere Ketten von Abhängigkeiten sind leicht herzustellen: So führen menschliche Aktivitäten (vor allem die Verbrennung fossiler Energieträger) zu einer Erhöhung der Konzentrationen von klimawirksamen Gasen in der Atmosphäre, die zum verstärkten Klimawandel beitragen. Der wiederum bewirkt eine Änderung der biologischen Vielfalt und einen verstärkten Abbau des stratosphärischen Ozons.

Kurz gesagt: Physikalische, chemische und biologische Prozesse sind auf der Erde eng miteinander verbunden. Aufgrund dieser Vernetzungen ist eine ganzheitliche Sichtweise notwendig, um alle Wirkungen menschlicher Eingriffe in die Natur verstehen zu können. Auf der Basis solcher Erkenntnisse ist die Vorstellung vom *System Erde* entstanden (wir kommen in Kap. 2 darauf zurück). Katherine Richardson beschreibt es folgendermaßen:

»In jüngster Zeit ist eine völlig neue wissenschaftliche Disziplin entstanden, die Wissenschaft vom System Erde (›earth system science‹). Diese Disziplin versucht zu verstehen, wie das Land, die Atmosphäre und die Ozeane miteinander in Beziehung stehen und welche physikalischen, chemischen und

biologischen Prozesse in jedem Bestandteil des Systems ablaufen und dabei Vorgänge in den anderen Teilen beeinflussen. Die Summe aller Wechselwirkungen ergibt das System
Erde.«

Die Wissenschaft hat in den letzten Jahrzehnten erste Einbli-
cke in die Komplexität des Systems Erde ermöglicht und gezeigt, wie robust und gleichzeitig fragil es ist. Es ist nicht
möglich, vorauszusehen, wie sich die oben beschriebenen
menschlichen Aktivitäten auf das System Erde auswirken
werden. Ganz allgemein aber ist festzuhalten: Die vom Menschen verursachten Veränderungen in der Natur sind ebenso
groß oder sogar größer als die von natürlichen Kräften be-
wirkten. Sie erfolgen schneller als Veränderungen durch natürliche Schwankungen und haben eine Geschwindigkeit und
ein Ausmaß erreicht, wie es nie zuvor in den letzten 500 000
Jahren der Erdgeschichte beobachtet wurde.
    Dies ist kurz skizziert der derzeitige Stand der Erkenntnis.
Doch wann hat die Wissenschaft bemerkt, dass mit dem System Erde etwas nicht stimmt? Was hat man unternommen,
um diesen Entwicklungen Einhalt zu gebieten? Wir werden
im Folgenden skizzieren, welche Versuche unternommen
wurden, erkannte Probleme in den Griff zu bekommen.

Erste Warnungen der Wissenschaft

Die Notwendigkeit, die Umwelt zu schützen, ist seit langem
bekannt. Die Gründung von Nationalparks und anderen
Schutzgebieten wurde weltweit seit dem Anfang des 20. Jahrhunderts betrieben. Aber erst in der zweiten Hälfte des
20. Jahrhunderts wurde der Schutz der Umwelt zu einem in

der breiten Öffentlichkeit diskutierten und von der internationalen Politik aufgegriffenen Thema. Internationale Abkommen zur Regelung des Walfangs (1946) und zum Schutz der Antarktis (1959) waren die ersten internationalen Übereinkünfte mit einem Umweltbezug. Viele sehen aber die Veröffentlichung des Buches *Der stumme Frühling* von Rachel Carson im Jahr 1962 als eigentlichen Anfangspunkt eines breiteren gesellschaftlichen Interesses an Umweltfragen. Das Buch dokumentierte erstmals die vielfältigen negativen Auswirkungen des ungehemmten Pestizideinsatzes in der Landwirtschaft. Aus Angst, dass als dessen Folge der Frühling eines Tages ohne singende Vögel beginnen könne, schreibt Carson:

»Wenn man, um Leben zu bekämpfen, Zuflucht zu Waffen wie Insektiziden nimmt, ist dies ein Beweis für mangelndes Wissen und für die Unfähigkeit, die Vorgänge in der Natur so zu lenken, dass rohe Gewalt überflüssig wird.«

Am Tag der Veröffentlichung Ende September 1962 waren bereits 40 000 Exemplare vorausbestellt. Das Buch wirkte wie Zunder auf die Regierung und die bis dahin zerstreute lokale Umweltbewegung. Die Autorin beschränkte sich jedoch nicht nur auf die Beschreibung des Problems. Vor allem im letzten Kapitel bemühte sie sich, einen »anderen Weg« zum konventionellen Pflanzenschutz zu weisen und beschrieb die dauerhaften Erfolge, die man mit natürlichen Fressfeinden, Insektenkrankheiten, Lockstoffen und vor allem einem standortgerechten Anbau und einer ausgeglichenen Fruchtfolge im Kampf gegen Pflanzenkrankheiten und -schädlinge bis dahin erzielt hatte.

Zehn Jahre später war es erneut ein Buch, dem die Zunahme von gesellschaftlichem Interesse für Umweltfragen zugeschrieben wird. Die bereits erwähnte Studie *Die Grenzen des Wachstums* war die populäre Zusammenfassung einer groß angelegten Studie des Massachusetts Institute of Technology (MIT). Sie zeigte anhand von Computersimulationen, dass die menschliche Gesellschaft bald an ihre Grenzen stoßen und kollabieren wird, wenn sich Bevölkerung, Industrialisierung, Nahrungsmittelproduktion, Umweltverschmutzung und Rohstoffverbrauch weltweit unverändert weiterentwickeln werden. Noch aber, meinten die Autoren, seien wir in der Lage, unser Handeln zu ändern und den Dingen einen anderen Lauf zu geben.

Später wurden die Autoren häufig kritisiert, weil ihre Voraussagen nicht eingetreten sind und daher der Ansatz offensichtlich falsch war. Tatsächlich aber errechneten sie in keiner ihrer Studien *Prognosen*, sondern beschrieben immer nur *Szenarien*, die bewusst keine spezifischen Schlüsse für die Zukunft beinhalteten. Nach dem für Szenarien typischen Ansatz »Was wäre, wenn?«, sollten lediglich Grundtendenzen der wachstumsorientierten Wirtschaftsweise erkennbar gemacht werden.

Aufgrund des zunehmenden Interesses an Umweltschutz fand im Juni 1972 in Stockholm die erste UNO-Weltkonferenz zum Thema Umwelt statt. Diese Konferenz gilt als der eigentliche Beginn der internationalen Umweltpolitik. Mehr als 1200 Vertreter und Vertreterinnen aus 112 Staaten (die damaligen »Ostblockstaaten« haben die Konferenz boykottiert) nahmen daran teil. Der 5. Juni, der erste Tag der Konferenz, ist heute noch der internationale Tag der Umwelt.

Die Deklaration der Stockholm-Konferenz, die von Industrie- und Entwicklungsländern erarbeitet wurde, enthält 26 Prinzipien für Umwelt und Entwicklung, 109 Handlungsempfehlungen zur Umsetzung dieser Prinzipien und einen dazugehörigen Aktionsplan. Die Teilnehmerstaaten bekannten sich mit diesem Papier zur grenzüberschreitenden Zusammenarbeit im Umweltschutz.

Erste Handlungen

Die zunehmende Aufmerksamkeit für Umweltfragen und die erste internationale Umweltkonferenz, an der Regierungsvertreterinnen und -vertreter teilnahmen, haben dazu geführt, dass sich viele Länder zum ersten Mal der Umweltpolitik widmeten. Umweltministerien wurden etabliert und Umweltprogramme ausgearbeitet. In den nächsten Jahrzehnten wurde viel unternommen, um die Entwicklung von nationaler und internationaler Umweltpolitik voranzutreiben, wobei die ersten Handlungen meist aus einfachen Verboten und Geboten bestanden und die Vernetzungen des Systems Erde ignorierten. Die Auswirkungen von menschlichen Aktivitäten wurden auf diese Weise zwar gemildert, die eigentlichen Ursachen der Umweltveränderungen aber nicht immer beseitigt, wie die beiden folgenden Beispiele verdeutlichen.

Luftverschmutzung

Seit Ende des 19. Jahrhunderts war das Problem der Luftverschmutzung bekannt. Vor allem in der Nähe von Industrieanlagen und Kraftwerken traten Gesundheitsprobleme auf. Die ersten Maßnahmen bestanden darin, die Schornsteine höher zu bauen, damit die Abgase weggetragen und verdünnt werden. Gegen Ende der 1960er Jahre stellte sich durch regelmä-

ßige Wasser- und Bodenqualitätsmessungen in den skandina-
vischen Ländern heraus, dass grenzüberschreitende Luftverschmutzung für die Übersäuerung von Seen und Böden verantwortlich war. Die hohen Kamine hatten das lokale Problem
der Luftverschmutzung zwar gemildert, aber Probleme an anderen Orten verursacht. Auf der Stockholm-Konferenz 1972
wurde das Thema Luftverschmutzung erstmals diskutiert –
ohne konkrete Ergebnisse. Erst 1979 wurde eine Konvention
verhandelt, die das Problem aufgriff.

Mit der Konvention über weiträumige grenzüberschreitende Luftverunreinigung wurden jedoch noch keine Ziele für
die Reduktion von Emissionen festgelegt. Dies erfolgte später
in mehreren Abkommen. Die ersten Protokolle verpflichteten
die Unterzeichnerstaaten zu einfachen Reduktionszielen für
Schwefeldioxid, danach für Stickstoffoxide. Erst 1999 wurde
ein Protokoll von 31 Staaten in Göteborg (Schweden) unterzeichnet, in dem Reduktionsziele für die Emissionen von
Schwefeldioxid, Stickoxiden, Ammoniak und flüchtige organische Verbindungen festgelegt wurden, also für die Haupt-
verantwortlichen für Übersäuerung und Bildung von Ozon in
der unteren Atmosphäre. Auch Schwellenwerte für die Belastung der Böden (so genannten *critical loads*) wurden festgelegt. Darüber hinaus wurden Maßnahmen zur Erreichung der
Ziele bis ins Jahr 2010 beschlossen. Wichtigster Punkt: Grenz-
werte für die Emissionen aus Verbrennungsanlagen (Heizun-
gen und Industrieanlagen) und aus dem gewerblichen Einsatz
von organischen Lösungsmitteln und Motorfahrzeugen. Darüber hinaus sollten landwirtschaftliche Praktiken gefördert
werden, welche zu einer Senkung der Ammoniakemissionen
bei Lagerung und Ausbringung von Gülle und Nutztierhal-
tung beitragen.

Die internationalen Anstrengungen, die grenzüberschreitende Luftverschmutzung zu reduzieren, konzentrierten sich also auf Europa. Die Emissionen von Schwefeldioxid sind in der Tat deutlich gesunken – und der saure Regen konnte reduziert werden. Allerdings beschränkte sich die internationale Zusammenarbeit darauf, die Emissionen von Kraftwerken und Kraftfahrzeugen zu reduzieren – grundlegende Fragen nach dem Lebensstil, wie etwa nach dem Bedarf von Mobilität, wurden nicht thematisiert.

Der Abbau von Ozon in der Stratosphäre

Ozon besteht aus drei Sauerstoffatomen (O_3). In der Atmosphäre der Erde liegen 90 Prozent des Ozons in der Stratosphäre, dem Bereich zwischen 10 und 50 Kilometern Höhe (10 Prozent liegen vor allem in der unteren Atmosphäre). In der Stratosphäre werden Ozonmoleküle ständig auf- und abgebaut. Ohne Ozon in der Stratosphäre wäre das Leben, so wie wir es auf der Erde kennen, nicht möglich, da das Gas die für die Biosphäre gefährlichen kurzwelligen (ultravioletten) Strahlen der Sonne absorbiert. Bei Menschen kann diese kurzwellige Strahlung Hautkrebs auslösen.

Unter dem Titel *Die Entdeckung der Bedrohung der Ozonschicht – ein Hindernislauf oder Wir sind noch einmal davongekommen* erzählt Hans-Jochen Luhmann, wie die Gefahr des Ozonabbaus in der Stratosphäre gerade noch rechtzeitig erkannt wurde. Die Entdeckung, dass menschliche Aktivitäten die Ozonschicht zerstören können, gelang 1974 zwei Wissenschaftlern in den USA. Sherwood Rowland und Mario Molina zeigten, dass Fluorchlorkohlenwasserstoffe (FCKW), die zum Beispiel in Spraydosen Verwendung fanden, zwar in der unteren Erdatmosphäre keine chemischen Reaktionen auslösen, aber in die darüber liegende Stratosphäre wandern. Dort werden unter Einwirkung des vor Ort vorhandenen energiereichen und kurzwelligen Sonnenlichts die FCKW-Moleküle geknackt. Die Folge: Chlorverbindungen, die nach dem Aufbrechen der FCKW-Moleküle in der Stratosphäre frei werden, zerstören die Ozon-Moleküle.

In den elf Jahren nach dieser Entdeckung wurde in manchen Ländern die Verwendung von FCKW in Spraydosen untersagt, aber ein weltweites Verbot gab es nicht. 1985 wurde zwar ein internationales Abkommen zum Schutz der stratosphärischen Ozonschicht beschlossen, das aber keine Verpflichtungen enthielt. Es diente eher als Rahmen für spätere Verhandlungen. Das Problem war zwar erkannt, aber es fehlten die notwendigen Maßnahmen, um es zu lösen.

1985 wurde das Ozonloch über der Antarktis entdeckt. Der britische Wissenschaftler Joe Farman veröffentlichte eine Zeitreihe von Messungen des stratosphärischen Ozons über der Antarktis. Farman hatte schon 1982 eine Abnahme des Ozongehalts im antarktischen Frühjahr erkannt, jedoch mit der Veröffentlichung der Daten gezögert, weil er den Ergebnissen nicht traute. Schließlich hatten auch Satellitenmessungen bislang keine Anzeichen für eine dramatische Verringerung der Ozonschicht in der Antarktis ergeben. Doch mit der Veröffentlichung von Farmans Messungen 1985 kam die Geschichte ins Rollen. Die Satellitendaten wurden überprüft und bestätigten nun die Abnahme von Ozon im Frühjahr über dem Südpol. Damit zeigten sowohl Messungen vom Boden als auch von Satelliten, dass die stratosphärischen Ozonwerte über der Antarktis im Frühjahr stark zurückgegangen waren.

Das Ozonloch war da, doch wie war es zu erklären? Wie hing es mit den FCKW-Emissionen zusammen? Welche chemischen Prozesse waren involviert und welche Rolle spielte die Meteorologie? Es dauerte noch einmal gut zwei Jahre, bis der Ozonabbau wissenschaftlich befriedigend erklärt werden konnte, aber diese Erklärung spiegelte dann die ganze Komplexität des Erdsystems wider. Chemie, Physik, Meteorologie, die lange Polarnacht am Südpol – alles war Teil der Erklärung.

Im September 1987 wurden in Montreal endlich weit reichende Verpflichtungen zum Schutz der Ozonschicht beschlossen. Das Abkommen von Montreal war so konstruiert, dass es regelmäßig verschärft wurde. Die Emissionen jener Chemikalien, die die Ozonschicht zerstören, wurden zuerst reduziert und dann komplett verboten – mit Erfolg: Die Ozonschicht beginnt sich zu erholen, aber es wird mehrere Jahrzehnte dauern, bis sie wieder ihren »normalen« Umfang erreicht hat. Allerdings gibt es immer noch Länder, die ihre Verpflichtungen nicht einhalten, und FCKWs werden weiterhin über Kanäle der organisierten Kriminalität vertrieben.

Wir sind noch einmal davongekommen, wie Luhmann richtig bemerkt hat. Aber das Thema Ozonloch bestätigt einmal mehr deutlich, dass die Erde ein sehr komplexes System ist. Die FCKWs wurden zum größten Teil in den nördlichen Industrieländern emittiert, das Ozonloch hat sich jedoch am Südpol entwickelt. Die Emissionen fanden an der Erdoberfläche statt, aber die Auswirkungen zeigten sich in der oberen Atmosphäre. Paul Crutzen, der zusammen mit Sherwood Rowland und Mario Molina für seine Arbeit über stratosphärisches Ozon den Nobelpreis für Chemie erhielt, sieht denn auch die Parallelen zur Klimathematik:

»Das Ozonloch ist die Folge einer durch menschliche Aktivitäten verursachten chemischen Instabilität in der Atmosphäre. Es entstand in einem Gebiet, das am weitesten von den Emissionsquellen der FCKW-Gase entfernt ist. Sein Auftreten

und komplexes Verhalten wurden von keinem Atmosphären-
forscher vorhergesagt. Das beweist, dass der Mensch im-
stande ist, sogar seine globale Umwelt erheblich zu stören,
und dass die Folgen menschlicher Aktivitäten nur begrenzt
vorhersagbar sind. Dies stellt umso größere Anforderungen
an die Vorsorgepflicht. Ich denke hier insbesondere an die
Problematik der Klimaerwärmung.«

Der stratosphärische Ozonabbau ist ein gutes Beispiel für ein
nichtlineares gekoppeltes System, und er zeigt, wie menschliche Aktivitäten Instabilitäten auslösen können. Die Geschwindigkeit, mit der sich das Ozonloch entwickelt hat, bestätigt die wichtige Rolle von Schwellenwerten: Nachdem die
Konzentration von bestimmten Chemikalien in der Stratosphäre einen kritischen Wert erreicht hatte, fanden abrupte
Veränderungen statt.

Paul Crutzen weist aber auch darauf hin, dass mit viel
Glück eine größere Katastrophe verhindert werden konnte.
Wenn nämlich die chemische Industrie Brom statt Chlor ver-
wendet hätte, wären die Auswirkungen noch viel gravieren-
der gewesen. Grund: Brom hat ähnliche Funktionen wie
Chlor in Kühlflüssigkeiten oder Dämmmaterialien, aber ein
Atom Brom ist hundertmal effektiver als Chlor beim Abbau
von Ozon. Mit der Verwendung von Brom hätten wir, so
Crutzen, bereits in den 1970er Jahren ohne Vorwarnung ein
globales Ozonloch zu allen Jahreszeiten und nicht nur ein
Ozonloch über der Antarktis im Frühjahr gehabt. Schlimmer
noch: Die Wissenschaft hätte das Problem damals nicht iden-
tifizieren und auch nicht die notwendigen Messungen durchführen können.

Der amerikanische Politikwissenschaftler Edward Parson
hat die Geschichte des Ozonlochs und die Verhandlungen

zum Schutz der Ozonschicht eingehend analysiert. Er kommt zu dem Schluss, dass das Montrealer Protokoll von 1987 ein Beispiel für eine politische Verhandlungsstrategie sei, die auch auf andere Probleme anwendbar sei. Wissenschaft und Technologie wären erfolgreich in die Verhandlungen eingebracht worden.

Fakt ist: Mit Unterstützung fast aller Nationen und auch der Industrie wurde der weltweite Verbrauch von Chemikalien, die Ozon zerstören, um 95 Prozent reduziert. Dies wurde aber nicht durch die anfänglichen Reduktionsziele erreicht, sondern durch Maßnahmen, die zunehmend strenger wurden, während es gleichzeitig viele (technologische) Innovationen gab, die den Chemikalienverbrauch reduzierten – eine Entwicklung also, die durchaus Vorbild für die Klimapolitik sein könnte.

Die Forderung einer nachhaltigen Entwicklung

Bei unseren Eingriffen in die Natur stehen wir vor immer größeren Herausforderungen. Wir haben es wie beschrieben mit komplexen und miteinander verknüpften Veränderungen des Systems Erde, gleichzeitig aber auch mit ähnlich komplexen Änderungen von vielen gesellschaftlichen und wirtschaftlichen Faktoren zu tun. Wollen wir unseren Planeten nicht weiter schädigen, ohne die Folgen abschätzen zu können, müssen neue Konzepte her, um die Komplexität der Erde mit der wirtschaftlichen Entwicklung besser zu verzahnen.

Ein Konzept dafür verbirgt sich hinter dem Begriff »nachhaltige Entwicklung«, der Umwelt und Entwicklung zusammen betrachtet. Sie wird zum ersten Mal in dem so genannten Brundtland-Bericht der Weltkommission für Umwelt und

Entwicklung mit dem Titel *Unsere gemeinsame Zukunft* beschrieben. Diese Kommission wurde 1983 von den Vereinten
Nationen ins Leben gerufen. Es war die dritte Kommission
nach der Brandt-Kommission zu Nord-Süd-Fragen und der
Palme-Kommission zur Sicherheit. Die Generalversammlung
der Vereinten Nationen gründete sie, nachdem international
eine große Unzufriedenheit über die Unfähigkeit, globale Probleme in den Griff zu bekommen, entstanden war. Auftrag
war die Erstellung eines Perspektivberichts zu langfristig trag-
fähiger, umweltschonender Entwicklung im Weltmaßstab bis
zum Jahr 2000 und darüber hinaus. Die Kommission hatte 19
Mitglieder aus 18 Staaten weltweit. Zur Vorsitzenden wurde
die frühere Umweltministerin und damalige Ministerpräsi-
dentin von Norwegen, Gro Harlem Brundtland, gewählt. 1987
wurde der Abschlussbericht veröffentlicht, der die internationale Debatte über Entwicklungs- und Umweltpolitik maßgeblich beeinflussen sollte. Darin forderte die Kommission in
einem oft zitierten Satz eine Entwicklung, »die den Bedürfnissen der heutigen Generation entspricht, ohne die Möglichkeiten künftiger Generationen zu gefährden, ihre eigenen Bedürfnisse zu befriedigen und ihren Lebensstil zu wählen«.

Dies ist die bis heute weltweit anerkannte Definition einer
»nachhaltigen Entwicklung«. Die Kommission kam ferner
zu der Schlussfolgerung, dass eine solche Entwicklung nur
mit einer integrativen Politik erreicht werden könne. Her-
kömmlich als getrennt betrachtete Problembereiche wie die
Umweltverschmutzung in Industrieländern, globale Hoch-
rüstung, Schuldenkrise, Bevölkerungsentwicklung und Wüs-
tenausbreitung in der Dritten Welt müssen in einem Wir-
kungsgeflecht gesehen werden. Einzelne und nicht integrierte
Maßnahmen hingegen dienen nicht der Problemlösung.

Mit Blick auf eine nachhaltige Entwicklung gibt es für Industrieländer und Entwicklungsländer nach Ansicht der Kommission jedoch unterschiedliche Ziele. In den Entwicklungsländern muss die Armut überwunden werden. In den Industrieländern ist hingegen der materielle Wohlstand mit dem Erhalt der Natur als Lebensgrundlage in Einklang zu bringen. Dabei ist klar, dass sich die Konsum- und Lebensweisen der Industrieländer nicht auf die gesamte derzeitige und zukünftige Weltbevölkerung übertragen lassen.

Während die Weltwirtschaft zwar die Bedürfnisse und legitimen Wünsche der Menschen befriedigen müsse, warnte die Kommission jedoch, dass ein unbeschränktes Wirtschaftswachstum die ökologischen Grenzen der Erde sprengen könnte. Das bedeutet auch, dass die Menschen viele ihrer Tätigkeiten und Lebensweisen ändern müssen, wenn die Welt nicht vor unannehmbare menschliche Leiden und Umweltschäden gestellt werden solle. Die Kommission forderte konsequent »eine neue Ära einer umweltgerechten wirtschaftlichen Entwicklung«.

Die UNO-Konferenz über Umwelt und Entwicklung von Rio de Janeiro

Fünf Jahre nach der Veröffentlichung des Brundtland-Berichts und 20 Jahre nach der ersten internationalen Umweltkonferenz in Stockholm fand die UNO-Konferenz über Umwelt und Entwicklung in Rio de Janeiro statt (siehe http://www.un.org/geninfo/bp/enviro.html). Einziger Zweck: Das Ziel einer nachhaltigen Entwicklung von den Empfehlungen der Brundtland-Kommission zu politisch und rechtlich verbindlichen Handlungsvorgaben weiterzuentwickeln. Sowohl umwelt- als auch entwicklungspolitische Probleme sollten dabei

angepackt werden. Rund 10 000 Delegierte aus 178 Staaten
nahmen teil. Mit der Beteiligung zivilgesellschaftlicher Organisationen an internationalen Prozessen setzte die Rio-Konferenz neue Maßstäbe. Insgesamt waren 2400 Vertreter von
nichtstaatlichen Organisationen (NGO) an der Konferenz be-
teiligt, weitere 17 000 Menschen besuchten das parallel stattfindende NGO-Forum. Bis die Konferenz eröffnet wurde und
wichtige Deklarationen verabschiedet werden konnten, war es
ein langer Weg, auf dem zwischen den beteiligten Regierungen teilweise heftig gerungen wurde. Schließlich wurden fünf
»Dokumente« unterschrieben:

• Die Deklaration von Rio über Umwelt und Entwicklung
• Die Klimaschutz-Konvention
• Die Artenschutz-Konvention
• Die Walddeklaration
• Die Agenda 21

Die Deklaration von Rio über Umwelt und Entwicklung bezieht sich direkt auf die Empfehlungen der Brundtland-Kommission und betont, dass ein wirtschaftlicher Fortschritt langfristig nur in Verbindung mit Umweltschutz möglich sei. Dies
könne nur gelingen, wenn die Staaten weltweit eine neue und
gerechte Partnerschaft unter Beteiligung der Regierungen,
des Volkes und der Schlüsselelemente der Gesellschaften ein-
gingen. In den 27 Prinzipien (Grundsätzen) der Rio-Deklaration wurde erstmals global das Recht auf nachhaltige Entwicklung verankert. Auch das Vorsorge- und das Verursacherprinzip als Leitprinzipien wurden anerkannt. Die Deklaration
nennt die wichtigsten Bedingungen für eine nachhaltige Entwicklung:

• Bekämpfung der Armut
• Angemessene Bevölkerungspolitik

- Verringerung und Abbau nicht nachhaltiger Konsum- und Produktionsweisen
- Umfassende Einbeziehung der Bevölkerung in politische Entscheidungsprozesse.

Die Rechte der heute lebenden wie auch die zukünftiger Generationen sind in der Deklaration verankert. Darüber hinaus wird gefordert, dass benachteiligte Gruppen wie Frauen, Jugendliche und eingeborene (indigene) Bevölkerungsgruppen nicht weiter diskriminiert werden dürfen.

Die Rahmenkonvention der Vereinten Nationen über Klimaveränderungen (UNFCCC – UN Framework Convention on Climate Change) wurde vor der Rio-Konferenz ausgehandelt und während der Konferenz unterzeichnet. Das Ziel der Konvention ist, die Belastung der Atmosphäre mit Treibhausgasen (Kohlendioxid, Methan und vier weiteren Gasen) auf einem Niveau zu stabilisieren, welches eine gefährliche Störung des Weltklimas verhindert. Die Konvention verpflichtet die Unterzeichnerstaaten auch zur Erstellung von nationalen Treibhausgas-Inventuren (regelmäßige Zusammenstellungen der Emissionen aus verschiedenen Quellen) sowie zu der Entwicklung von Maßnahmeprogrammen, um die Emissionen zu reduzieren. Fünf Jahre später wurde das so genannte Kyoto-Protokoll unterzeichnet, in dem konkrete Emissionsreduktionsziele genannt sind. Das Protokoll ist ein erster Schritt, um das Ziel der Klimarahmenkonvention zu erreichen.

Die Artenschutz-Konvention (CBD – Convention on Biological Diversity) hat das Ziel, die biologische Vielfalt zu erhalten und biologische Ressourcen nachhaltig zu nutzen. Tier- und Pflanzenarten sollen geschützt, bedrohte Lebensräume und das dort vorhandene genetische Potenzial gesichert werden. Die Unterzeichnerstaaten sollen Gesetze zum Schutz ge-

fährdeter Arten ausarbeiten, Schutzgebiete schaffen, geschä-
digte Ökosysteme rehabilitieren und die Erhaltung bedrohter
Arten unterstützen. Sie sind auch dazu verpflichtet, den Zugang zu Genmaterial innerhalb ihrer Grenzen zur nachhaltigen Nutzung zu erleichtern. Letzteres wurde intensiv zwischen Industrieländern und Entwicklungsländern diskutiert,
da es auch um wirtschaftliche Vorteile zum Beispiel durch die
Patentierung von Genmaterial aus tropischen Regenwäldern
ging.

In der *Walddeklaration (Waldgrundsatzerklärung)* geht es
um die ökologische Bewirtschaftung, Erhaltung und nachhaltige Entwicklung der Wälder der Erde. Sie ist eine unverbind-
liche Absichtserklärung. Eine verbindlichere Waldkonven-
tion, die von den Industrieländern gefordert wurde, scheiterte
am Einwand der Entwicklungsländer, die ihre Souveränität
über ihre natürlichen Ressourcen nicht verlieren wollten. In
der Absichtserklärung ist Folgendes festgehalten:

- Alle Länder beteiligen sich an der »Begrünung der Welt«,
  indem sie Wälder aufforsten und erhalten.
- Jedes Land braucht eine Forstplanung, die auf dem Grundsatz der Umweltverträglichkeit beruht. Dazu gehört auch
  die ökologisch richtige Pflege der an Wälder angrenzende
  Gebiete.
- Der Handel mit Forstprodukten erfolgt ohne jede Diskrimi-
  nierung nach Regeln, über die sich die Länder geeinigt haben. Der internationale Handel mit Nutzholz und anderen
  Forstprodukten darf nicht durch einseitig getroffene Maßnahmen eingeschränkt oder ganz verboten werden.
- Mögliche Ursachen von Verschmutzung, wie zum Beispiel
  der »Saure Regen«, müssen genau überwacht werden.

Nach der Rio-Konferenz wurde die Walddeklaration in weiteren Verhandlungen konkretisiert. Die wirtschaftlichen Interessen der Entwicklungsländer wurden stärker berücksichtigt.

Die Agenda 21 schließlich enthält 40 Kapitel mit detaillierten Handlungsmaßnahmen, um eine nachhaltige Entwicklung sicherzustellen. Diese Kapitel sind in vier Bereiche unterteilt:

- Soziale und wirtschaftliche Dimension: Armutsbekämpfung, Bevölkerungsdynamik, Gesundheitsschutz und nachhaltige Siedlungsentwicklung;
- Erhaltung und Bewirtschaftung der Ressourcen für die Entwicklung: Klimaschutz, Bekämpfung der Entwaldung, Erhalt der biologischen Vielfalt und umweltverträgliche Entsorgung von Abfällen;
- Stärkung der Rolle wichtiger Gruppen: die Partizipation von diversen gesellschaftlichen Gruppen – die so genannten *major groups* sind: Frauen, Kinder und Jugendliche, Eingeborene, NGOs, Arbeiter und Gewerkschaften, Industrie und Wirtschaft, Wissenschaft und Technologie, Bauern –, die für die Umsetzung der Agenda sehr wichtig sind;
- Möglichkeiten der Umsetzung: Rahmenbedingungen, die für die Umsetzung notwendig sind wie Technologietransfer, Bildung und internationale Zusammenarbeit.

Die Rio-Konferenz legte also als Umsetzungsgremium der Brundtland-Kommission unter weltweiter Beteiligung die Basis für eine nachhaltige Entwicklung. Umwelt- und Entwicklungspolitik wurden mit detaillierten Handlungsmaßnahmen gekoppelt. Selbstverständlich wurden wie in allen politischen Prozessen Kompromisse gemacht, aber die Forderungen der Brundtland-Kommission wurden größtenteils wahrgenommen.

Die Millenniumsziele

Im Jahre 2000 wurden bei der Millennium-Sitzung der Vereinten Nationen in New York die »Millenniumsziele« (Millennium Development Goals – MDG) verabschiedet. Um sie zu erreichen, wurden so genannte Zielgrößen bis zum Jahre 2015 festgelegt. Die Ziele selbst wurden später auch in den Aktionsplan der Johannesburg-Konferenz aufgenommen (siehe unten).

Ziel 1: Beseitigung der extremen Armut und des Hungers. Die Zahl der Menschen, die von weniger als einem US-Dollar pro Tag leben, soll um die Hälfte gesenkt werden. Der Anteil der Menschen, die unter Hunger leiden, soll halbiert werden.

Ziel 2: Verwirklichung der allgemeinen Primärschulbildung. Alle Jungen und Mädchen sollen eine vollständige Grundschulausbildung erhalten.

Ziel 3: Förderung der Gleichheit der Geschlechter und Stärkung (*empowerment*) der Frauen. Bis zum Jahr 2005 soll in der Grund- und Mittelschulausbildung und bis 2015 auf allen Ausbildungsstufen jede unterschiedliche Behandlung der Geschlechter beseitigt werden.

Ziel 4: Senkung der Kindersterblichkeit. Die Sterblichkeit von Kindern unter fünf Jahren soll um zwei Drittel gesenkt werden.

Ziel 5: Verbesserung der Gesundheit von Müttern. Die Müttersterblichkeit soll um drei Viertel gesenkt werden.

Ziel 6: Bekämpfung von HIV / AIDS, Malaria und anderen Krankheiten. Die Ausbreitung von HIV / AIDS soll zum Stillstand gebracht und der Virus zum Rückzug gezwungen werden. Der Ausbruch von Malaria und anderer schwerer Krankheiten soll unterbunden werden.

Ziel 7: Sicherung der ökologischen Nachhaltigkeit. Die

Grundsätze der nachhaltigen Entwicklung sollen in der nationalen Politik übernommen werden; dem Verlust von Umweltressourcen soll Einhalt geboten werden. Die Zahl der Menschen, die über keinen nachhaltigen Zugang zu gesundem
Trinkwasser verfügen, soll um die Hälfte gesenkt werden. Bis
zum Jahr 2020 sollen darüber hinaus wesentliche Verbesserungen in den Lebensbedingungen von zumindest 100 Millionen Slumbewohnern erzielt werden.

Ziel 8: Sicherung der ökonomischen Nachhaltigkeit. Ein offenes Handels- und Finanzsystem, das auf festen Regeln beruht, vorhersehbar ist und nicht diskriminierend wirkt, soll
weiter ausgebaut werden. Auf die besonderen Bedürfnisse der
am wenigsten entwickelten Länder muss entsprechend eingegangen werden. Die Schuldenprobleme der Entwicklungsländer mit niedrigen und mittleren Einkommen müssen durch
Maßnahmen auf nationaler und internationaler Ebene umfassend und wirksam angegangen werden, damit ihre Schulden
auf lange Sicht tragbar werden.

Die Johannesburg-Konferenz 2002

10 Jahre nach der Rio-Konferenz wurde die nächste UN-Konferenz zum Thema nachhaltige Entwicklung in Johannesburg
abgehalten *(WSSD – World Summit on Sustainable Development)*. Diesmal nahmen zirka 20 000 Vertreter und Vertreterinnen von Regierungen, der Wirtschaft und nichtstaatlichen
Organisationen teil. Es gab wieder mehrere ambitionierte
Vorhaben, unter anderem sollte die Umsetzung der Agenda
21 und der nationalen Nachhaltigkeitsstrategien evaluiert,
ferner die Bildung neuer Ziele und Maßnahmen zur nachhaltigen Entwicklung erreicht werden.

Die Konferenz zeigte einerseits große Defizite bei der Umsetzung der Agenda 21 sowie der nationalen Strategien auf. Andererseits wurde auch von erfolgreichen Initiativen berichtet. Die politischen Verhandlungen waren langwierig. Der Weltgipfel endete mit der Verabschiedung einer politischen Erklärung der Staats- und Regierungschefs (»The Johannesburg Declaration on Sustainable Development«) und des Johannesburg-Aktionsplans, in dem die Millenniumsziele sowie die Umsetzung von Maßnahmen zur nachhaltigen Entwicklung festgehalten wurden.

Was ist erreicht worden?

Die grundlegende Idee der nachhaltigen Entwicklung ist vor über 20 Jahren formuliert und 1987 der Weltöffentlichkeit unterbreitet worden. Seitdem ist wie beschrieben auf internationalen Konferenzen viel diskutiert und beschlossen worden. Zudem wurden nationale und internationale »Nachhaltigkeitsstrategien« entwickelt und teilweise auch umgesetzt, aber die Ziele sind nicht annähernd erreicht worden – im Gegenteil.

Die Armut wächst weiter

Eine Milliarde Menschen leben auch heute noch mit weniger als 1 Dollar pro Tag. Es hat zwar Verbesserungen in einigen Regionen gegeben. So fiel in Asien die Zahl der Menschen, die weniger als 1 Dollar pro Tag zur Verfügung haben, zwischen 1990 und 2001 um fast eine Viertelmilliarde. Verantwortlich dafür war aber hauptsächlich wirtschaftliches Wachstum in

China und Indien. Allein die Entwicklungen in China sind
denn auch die Ursache für die Erfolge in der weltweiten Armutsbekämpfung in den letzten 20 Jahren. Auf der anderen
Seite aber zeigen die Zahlen, dass arme Menschen zunehmend
ärmer werden. Das durchschnittliche Einkommen der extrem
armen Menschen in Afrika südlich der Sahara ist zwischen
1990 und 2001 gesunken. Zwischen 1981 und 2001 verdop-
pelte sich die Zahl der Menschen südlich der Sahara, die mit
weniger als 1 Dollar pro Tag leben müssen, von 164 Millionen
auf 313 Millionen. In Lateinamerika und der Karibik stieg sie
von 36 auf 50 Millionen. Der Anteil der Menschen in Ost-Eu-
ropa und Zentralasien, die mit weniger als 2 Dollar pro Tag
auskommen müssen, stieg von 2 Prozent 1981 auf 20 Prozent
2001, so die Zahlen nach einer Veröffentlichung des World
Ressources Institute von 2005.

Diese negative Bilanz bestätigt der »Human Development
Report« des Jahres 2005, der jährliche Bericht des Weltent-
wicklungsprogramms (United Nations Development Program
– UNDP). Fünf Jahre nach Verabschiedung der Millenniumsziele konstatiert er zwar einige Fortschritte in der Armutsbekämpfung. So brachte beispielsweise die globale Kampagne
des Jahres 2005 Fortschritte in Form von Entwicklungshilfe
und einen Schuldenerlass beim G-8-Gipfel. Aber die Gesamtbilanz ist ernüchternd. In vielen Ländern werden laut UNDP
die angestrebten Ziele nicht erreicht werden. Die Wahrheit
sei, so das UNDP, dass das Versprechen an die Armen der Welt
nicht gehalten würde.

Doch auch in Industrieländern werden arme Menschen immer ärmer. In den USA zum Beispiel ist die Zahl armer Menschen seit 2000 stetig gestiegen und erreichte 2003 fast 36
Millionen.

Ressourcenverbrauch wächst weiter

Auch das Ziel der Industrieländer, den materiellen Wohlstand mit dem Erhalt der Natur als Lebensgrundlage in Einklang zu bringen, ist nicht erreicht worden. Bei weiter anwachsendem materiellen Wohlstand in den Industrieländern ist der Erhalt der Natur weiterhin gefährdet. Obwohl einige Umweltprobleme zumindest teilweise gelöst sind (vergleiche die Darstellung der Probleme Luftverschmutzung und stratosphärischer Ozonabbau in diesem Kapitel), werden durch die Globalisierung die material- und energieintensiven Konsum- und Lebensweisen der Industrieländer auch auf ärmere Länder ausgebreitet – eine fatale Entwicklung. Denn die Entwicklungsländer fordern zwar zu Recht einen besseren Lebensstandard. Allerdings müssten die Industrieländer helfen, dieses Ziel nachhaltig zu erreichen und gleichzeitig ihren Lebensstandard in Einklang mit der Natur zu bringen. Stattdessen übernehmen immer mehr Schwellenländer die nicht nachhaltige Lebensweise der Industriestaaten.

Norman Myers und Jennifer Kent haben das Phänomen der »neuen Verbraucherländer« eingehend dokumentiert. Die Länder, die in den letzten zehn Jahren ein Wirtschaftswachstum von durchschnittlich 5 Prozent pro Jahr und eine Bevölkerung von mindestens 20 Millionen aufweisen, sind:

- in Asien: China, Indien, Südkorea, die Philippinen, Indonesien, Malaysia, Thailand, Pakistan
- im Mittleren Osten: Iran, Saudi-Arabien
- in Afrika: Südafrika
- in Lateinamerika: Brasilien, Argentinien, Venezuela, Kolumbien, Mexiko
- in Osteuropa: Türkei, Polen, Ukraine, Russland.

China kommt mit einer Gesamtbevölkerung von fast 1,3 Milliarden und einer wirtschaftlichen Wachstumsrate von über 10 Prozent pro Jahr auf 300 Millionen »neue Konsumenten«. Ähnlich sieht es in Indien aus, wo sich 130 Millionen Einwohner über steigenden Wohlstand freuen. Diese zwei Länder allein stellen zwei Fünftel der neuen Konsumenten in den 20 Ländern, die oben aufgelistet sind.

In allen diesen Ländern nimmt mit steigendem wirtschaftlichen Wohlstand der Verbrauch an Energie, Material und Fläche zu – unterschiedlich im Ausmaß, doch klar in der Tendenz (siehe Bericht des Wuppertal Instituts von 2005).

Die Industrieländer führen zwar noch beim absoluten Energieverbrauch, aber die neuen Verbraucherländer holen schnell auf. Auch die Konsummuster ändern sich. Die neuen Konsumenten ernähren sich mit einem hohen Fleischanteil, besitzen Automobile und viele andere Konsumgüter. Die neuen Verbraucherländer verfügen zum Beispiel seit Anfang der 1990er Jahre über mehr Fernsehgeräte als die entwickelten Industrieländer.

Resümee

Seit ungefähr 20 Jahren ist klar, dass wir die wirtschaftliche und soziale Entwicklung in Einklang mit der Natur bringen müssen. Die »nachhaltige Entwicklung« ist seitdem ein internationales, nationales, und subnationales Ziel. Aber trotz gigantischer »Weltkonferenzen«, trotz viel versprechender Deklarationen und Strategien ist das Ziel noch weit entfernt. Die beschriebenen Erfahrungen verdeutlichen, dass die internationale und nationale Politik nur begrenzt fähig ist, Lösungen zu bringen. Haupthindernis: Politische und wirtschaftliche

Entscheidungen sind meist auf kurzfristige Ziele – kürzer als
fünf Jahre – gerichtet, während eine nachhaltige Entwicklung
eine langfristige Perspektive ist, die durch die Realisierung geeigneter kurzfristiger Ziele Schritt für Schritt zu verfolgen ist.
Es gibt deshalb sogar Stimmen, die meinen, dass wir weiter
von der Nachhaltigkeit entfernt sind als vor 20 Jahren. Tatsächlich ist die Liste der verfehlten Ziele lang. Vergegenwärtigen wir uns noch einmal den Status quo:

- Das durchaus vorhandene Wissen über unsere Lage wird in
  politischen und wirtschaftlichen Kreisen ignoriert. Das
  langfristige Ziel »nachhaltige Entwicklung« wird wegen
  kurzfristiger Gewinnorientierung nicht verfolgt.
- Das Thema »Bevölkerungswachstum« wird weiterhin ta-
  buisiert.
- Seit der Rio-Konferenz 1992 haben die reichen Länder
  nicht gehalten, was sie versprochen haben.
- Die Zahl der Menschen, die in absoluter Armut leben,
  wächst weiter.
- Der Konsum in den Industrieländern wächst weiter.
- Die Entwicklungshilfe reicht weiterhin nicht aus und steht
  zu vielen Hemmnissen gegenüber.
- Der Wert der Natur spiegelt sich nach wie vor nicht in Prei-
  sen wider.
- Militärkonflikte verursachen noch immer menschliche Tra-
  gödien und große Umweltschäden.
- Überfischung, Verschmutzung und ungebremstes Wachs-
  tum in den Küstenregionen gefährden die Ozeane.
- Der Druck auf die begrenzten Süßwasserressourcen wächst.
- AIDS zerstört das Leben in vielen Entwicklungsländern, vor
  allem in Afrika.
- Trotz der Artenschutz-Konvention sterben jährlich Tau-
  sende von Arten aus.

Immerhin stehen dieser langen Liste der verfehlten Ziele auch einige Erfolge gegenüber:

• Ein internationales Abkommen (Montreal-Protokoll) hat die Zerstörung der stratosphärischen Ozonschicht gebremst.

• Obwohl Fortschritte auf der Ebene der Politik kaum zu verzeichnen sind, gibt es Tausende von kleinen praktischen Projekten auf lokaler Ebene, die eine nachhaltige Entwicklung unterstützen.

• Die Zivilgesellschaft wird zunehmend in politische Prozesse involviert.

• Industrie und Wirtschaft erkennen in verstärktem Maße ihre Verantwortung (Stichwort »Corporate Social Responsibility«).

• Mehr Menschen haben leichter Zugang zu Information.

• Die Wissenschaft hat viel dazu beigetragen, dass die Komplexität des Systems Erde besser verstanden wird.

• Passende Indikatoren und verbesserte Beobachtungen geben ein realistischeres Bild, wie weit wir von den Zielen entfernt sind.

• Erste Schritte zur Lösung des Klimaproblems sind mit dem Kyoto-Protokoll formuliert worden.

• Strategien für nachhaltige Entwicklung sind in vielen Ländern erstellt worden.

• Weitere Umweltabkommen sind verhandelt worden.

Diese Erfolge und Niederlagen wurden vom International Institute for Sustainable Development zusammengestellt (siehe http://www.iisd.org/briefcase/ten+ten_contents.asp). Was bedeutet diese Gegenüberstellung? Ist das Ziel einer nachhaltigen Entwicklung zu realisieren? Die Antwort darauf ist ein klares Ja! Wir können nicht abwarten, bis Klimawandel und die Verschmutzung von Luft und Wasser katastrophale Wirkungen zeitigen werden – mit der Hoffnung, dass wir uns irgendwie anpassen werden. Vielmehr müssen wir auf den aufgezählten Erfolgen aufbauen und die Nachhaltigkeitsziele weiter verfolgen. Davon handeln die folgenden Kapitel.

2. Das System Erde

Die Erde ist ein komplexes System mit vielen Teilsystemen, die untereinander stark vernetzt sind. Dies führt dazu, dass, wie in Kapitel 1 beschrieben, Eingriffe von Menschen vielfältige, oft auch unvorhergesehene oder unerwünschte Effekte haben. Wäre auf unserem Planeten alles nach einem einfachen Ursache-Wirkung-Prinzip miteinander verknüpft, könnte man auftretende Umweltprobleme, wirtschaftliche oder soziale Probleme einfach lösen, indem man am richtigen Hebel ansetzt. In Wirklichkeit gibt es jedoch meist nicht den *einen* Hebel – und wenn man glaubt, ihn gefunden zu haben, bewirkt er oft ganz etwas anderes oder hat neben dem gewünschten Effekt auch andere, unerwünschte Nebenwirkungen.

Wenn wir also negative Entwicklungen ökologischer, wirtschaftlicher oder sozialer Art verhindern wollen, ist es notwendig, das System Erde zu verstehen und seine Vernetzungen zu berücksichtigen. In diesem Kapitel werden wir daher den in Kapitel 1 angesprochenen Systemcharakter der Erde näher beleuchten. Wir werden erklären, warum es selten einfache Ursache-Wirkung-Beziehungen gibt, und anhand von drei Beispielen menschlicher Eingriffe komplexe Beziehungsketten darstellen.

Was ist eigentlich ein System?

Ein System besteht aus einer (größeren) Anzahl von Elementen und deren Eigenschaften sowie aus den Beziehungen zwischen diesen Elementen untereinander und mit der Systemumgebung. Die Systemumgebung der Erde ist das All. Die Systemumgebung eines Teiches sind die umliegenden Wiesen und Felder. Ein System ist ein Ganzes und kann sich in dieser Hinsicht von der Umgebung abgrenzen. Die Beziehungen zwischen den Elementen manifestieren sich durch den Austausch von Material, Energie oder Information und bestimmen die Struktur des Systems.

Komplexe Systeme bestehen meist aus mehreren kleineren Systemen – so auch die Erde: Ihre Teilsysteme lassen sich grob in zwei Gruppen teilen: in die *natürlichen* und die *sozioökonomischen* Systeme. Beispiele für natürliche Systeme sind Ozeane, Wälder, Wüsten, Teiche oder auch Atome. Sozioökonomische Systeme sind Systeme, die von Menschen begründet wurden, wie Wirtschafts- oder politische Systeme, Unternehmen, Städte, Regionen oder die EU. Die einzelnen Teilsysteme der Erde stehen miteinander in Verbindung, sie tauschen also Material, Energie oder Information aus, und sie beeinflussen sich in ihren Entwicklungen gegenseitig.

Die natürlichen Systeme bilden die Basis für jede Form von Leben und Entwicklung. Wir sprechen hier von der Natur oder – auf den Menschen bezogen – von der Umwelt. In sozioökonomischen Systemen (inter)agieren Menschen. Deren Grenzen sind künstlich und werden auch vom Menschen definiert. Sie beinhalten Strukturen, Regeln und Gesetze, die ebenfalls von Menschen gemacht sind. Sozioökonomische Systeme können lernen, sie können sich Ziele setzen und diese auch ändern, indem sie sich an neue Gegebenheiten innerhalb der genannten Strukturen und Regeln anpassen. Die Akteure in sozioökonomischen Systemen, also die Menschen, überlegen sich ihr Verhalten, beziehen sich auf andere und denken über ihre Aktionen und Konsequenzen nach. Es ist ihnen auch möglich, Krisen als Chancen zu nutzen und für zukünftige, ähnliche Situationen zu lernen.

Viele Systeme, für die wir uns hier interessieren, sind gemischte Systeme. Sie enthalten Teilsysteme von beiden Gruppen (den natürlichen und den sozioökonomischen), die sich überlappen können und die miteinander interagieren. Der Wald als natürliches System ist zum Beispiel Teil einer Region, die ein sozioökonomisches System ist. Die Bewohner und Bewohnerinnen dieser Region nutzen den Wald zur Erholung, aber auch für wirtschaftliche Zwecke (Holz, Jagd, Pilze). Durch die Aufnahme von Kohlendioxid trägt der Wald ebenso zur Aufrechterhaltung des Kohlenstoffkreislaufes wie zu besserer Luftqualität bei. Er wird von den Einwohnern und Einwohnerinnen der Region gepflegt, aufgeforstet und dient ihnen zur Erholung. Wald und Mensch beeinflussen sich gegenseitig, hängen aber auch voneinander ab. Stellt der Mensch seine Tätigkeiten im Wald ein, kann dieser nicht in der Form bestehen bleiben wie bisher. Verändert sich das sozioökonomische System des Menschen und ändert dieser dadurch forstliche Tätigkeiten, verändert sich der Wald. Wandelt sich der Wald, zum Beispiel durch eine Klimaänderung, muss sich der Mensch anpassen.

Die Erde setzt sich aus Teilsystemen auf verschiedenen räumlichen Ebenen zusammen. Die menschliche Zelle, Moleküle, Atome sind ebenso Teilsysteme wie die Atmosphäre oder die Biosphäre. Teilsysteme auf einer höheren Ebene enthalten Teilsysteme niedrigerer Ebenen. Auf diese Weise werden Hierarchien gebildet. So ist das Verkehrssystem Teil einer

Stadt, ein Mensch Teil einer Familie oder ein Frosch Teil eines Teiches. Zwischen diesen Ebenen gibt es zahlreiche Verbindungen, aber auch zwischen Teilsystemen auf gleicher Ebene, etwa zwischen zwei Regionen. Daneben gibt es auch Verbindungen zwischen natürlichen und sozioökonomischen Systemen, so zwischen einem Fluss und der Stadt, durch die er hindurchfließt.

Teilsysteme des Systems Erde sind selbst Systeme, die aus mehreren Komponenten oder wiederum aus Teilsystemen bestehen. Systeme, mit denen wir uns hier beschäftigen, sei es die Erde selbst, ein natürliches oder ein sozioökonomisches System, zeichnen sich durch ihre Komplexität aus. Den Gegensatz dazu bilden einfache Systeme.

Einfache Systeme

Einfache Systeme können eindeutig beschrieben werden. Ihre Entwicklung ist vorhersagbar und kann berechnet werden. Es gibt eindeutige Ursache-Wirkung-Beziehungen. Solche einfachen Systeme sind oft geschlossene Systeme, die von ihrer Umgebung isoliert sind. Sie sind zumeist statisch und vom Menschen erdacht. Ein Dokumentationssystem zur Erfassung von Büchern in einer Bibliothek ist beispielsweise ein statisches System.

Komplexe Systeme

Komplexe Systeme werden durch eine Reihe von Eigenschaften charakterisiert, von denen einige im Folgenden beschrieben werden. Die Grenze zwischen einem einfachen und einem komplexen System ist nicht immer eindeutig. Nicht jedes komplexe System ist durch alle hier genannten Eigenschaften ausgezeichnet. Je nach System sind manche Eigenschaften stärker oder schwächer ausgeprägt. Es gibt verschiedene Grade von Komplexität. Allgemein gilt: Ein System ist umso komplexer, je größer die Verschiedenheit der einzelnen Elemente und die Anzahl an Beziehungen zwischen den Elementen sind. Bei der genaueren Betrachtung dieser Eigenschaften wird schnell deutlich, warum ein System als »komplex« bezeichnet wird:

- Offenheit: Das System öffnet sich zu seiner Umgebung und zu anderen Systemen, es steht mit seiner Außenwelt in Verbindung. Es wird von außen beeinflusst, wirkt aber auch auf seine Umgebung ein, indem Informationen, Stoffe etc. in das System hinein- und hinaus»fließen«. Oft sind die ausgehenden »Flüsse« Reaktionen auf eingehende »Flüsse«. Das System antwortet demnach auf Herausforderungen von außen. Jedes lebende System ist offen. Die Erde selbst ist ein offenes System zum Weltraum hin, sie tauscht mit diesem Stoffe und Energie aus (z. B. Kometen oder Sonnenstrahlung).

- Dynamik: Das System befindet sich nie für längere Zeit in einem stabilen Gleichgewicht, sondern ist in ständiger Veränderung begriffen. »Man steigt nie zweimal in denselben Fluss«, sagte schon der griechische Philosoph Heraklit vor 2500 Jahren. Der Fluss ist in ständiger Veränderung und wird nie mehr genau so sein, wie er war. Eine Form von Veränderung ist Wachstum, das wiederum in verschiedenen Formen ablaufen kann. Um wieder zu unserem Beispiel des Waldes zurückzukommen: Dieser nimmt permanent Stoffe von außen auf, gibt sie wieder ab, nimmt Sonnenenergie auf, gibt aber auch Energie in Form von Wärme oder gespeicherter Energie (Holz, Pflanzen) ab. Auf diese Weise verändert sich der Wald ständig, neue Bäume wachsen, andere fallen um, neue Pollen und Samen werden von außen eingebracht etc.

- Starke, meist nichtlineare Interaktionen zwischen den Elementen: Ein Input in ein System führt nicht immer zu einem proportionalen Output. Vielmehr kann dieser verstärkt oder abgeschwächt sein. Kleine Ursachen können sehr große Wirkungen haben. Umgekehrt kann ein großer Input nur eine kleine Auswirkung haben. Ein Beispiel: Um einige Jäger zu erfreuen, wurde in Australien eine begrenzte Anzahl von Kaninchen ausgesetzt; dies führte innerhalb kurzer Zeit zu einer großen Kaninchenplage. Denn die aus Europa eingeschleppten Tiere hatten in Australien keine natürlichen Feinde und vermehrten sich daher explosionsartig. Wechselwirkungen können also positiv (verstärkend), negativ (abschwächend), stark oder schwach sein, und sie können im Laufe der Zeit die Richtung wechseln. In einem komplexen System steht jede Komponente des Systems mit jeder anderen in Wechselwirkung. (Vergleiche den Kasten »Beziehungsarten in Systemen«, Seite 82.)

- Rückkoppelungsschleifen: Es wird zwischen positiven und negativen Rückkoppelungen unterschieden. Eine positive Rückkoppelung bedeutet, dass die Wirkung eines Signals durch die Rückwirkung, die es auslöst, weiter verstärkt wird (steigende Löhne können zu steigenden Preisen führen und damit weiter steigende Löhne verursachen). Positive Rückkoppelungen können sich aufschaukeln und dadurch sehr gefährlich werden, wenn sie nicht durch negative Rückkoppelungen (Selbstregulation) kontrolliert werden. Geschieht dies nicht, »stirbt« das System. Durch negative Rückkoppelungen werden die Ursachen gehemmt.

Im System Erde finden wir zahlreiche Beispiele von positiven und negativen Rückkoppelungen.

• Zeitliche und räumliche Verzögerungen: Eine Ursache führt oft erst nach langer Zeit zu Wirkungen, man spricht hier von so genannten *time-lags*. Im ersten Kapitel wurde das Beispiel des Ozonlochs vorgestellt, welches durch den Ausstoß von Fluorchlorkohlenwasserstoffen verursacht wurde. Zwischen der Verwendung von FCKW und der Zerstörung des Ozons liegen viele Jahre. Durch Verzögerungen können Wirkungen vom Menschen oft sehr schwer auf die konkreten Ursachen zurückgeführt werden. Maßnahmen zur Gegensteuerung werden daher häufig (zu) spät ergriffen.

• Unstetigkeiten: Die Entwicklung des Systems ist nicht stetig, sie erfolgt nicht gleichmäßig, sondern mit Sprüngen, Beschleunigungen, Verzögerungen etc. Ein Gletscher bewegt sich nicht immer mit gleicher Geschwindigkeit, sondern eine bestimmte Zeit lang eher ruckartig, bis er wieder einige Zeit ruht, um sich dann wieder schneller zu bewegen.

• Unsicherheiten: Es ist nicht möglich, die Entwicklung eines komplexen Systems mit hoher Genauigkeit vorauszusagen. Es gibt zu viele Faktoren, die es beeinflussen: die Entwicklung der Systemumgebung, die Wirkung von Verhaltensänderungen darüber oder darunter liegender Systeme, Wechselwirkungen zwischen Elementen. Dies alles führt dazu, dass Entwicklungen nur innerhalb einer gewissen Bandbreite, nur mit einer gewissen Wahrscheinlichkeit oder überhaupt nicht vorausgesagt werden können. Das erklärt auch, warum Wettervorhersagen selten genau eintreffen. Je weiter sie in die Zukunft reichen, desto größer wird die Fehlerquote.

• Hierarchien: Ein komplexes System ist in Hierarchien von

darunter und darüber liegenden Systemen eingebettet. Wie bereits erwähnt, gibt es verschiedene Ebenen von Systemen. Zu ihnen zählen räumliche Ebenen: Die Stadt Graz ist Teil des Bundeslandes Steiermark, das wiederum Teil von Österreich ist, welches in Europa eingebettet ist. Eine Hierarchie im sozioökonomischen System ist zum Beispiel eine Stadt mit vielen Schulen, welche wiederum viele Schüler und Schülerinnen hat.

- Irreversibilitäten: Prozesse sind dann irreversibel, wenn es kein Zurück mehr gibt, sobald sie einmal abgelaufen sind. Sind gewisse Veränderungen eingetreten oder gewisse Grenzen überschritten, kann man nicht mehr zurückgehen oder den Ausgangszustand wiederherstellen. Greifen wir in Prozesse so weit ein, dass die Systeme ihre Funktionen nicht mehr erfüllen können, werden also Schwellen überschritten, spricht man von irreversiblen Eingriffen. Die Ausrottung von Pflanzen- und Tierarten ist ein Beispiel für einen irreversiblen Prozess.

- Selbstorganisation: Systeme, die sich selbst organisieren, verändern spontan ihre Strukturen und bilden neue Verhaltensweisen (Muster) aus. Voraussetzung für das Auftreten von Selbstorganisation ist das Zuführen von Energie. Ein bekannter Fall von (physikalischer) Selbstorganisation ist die Bildung von Strukturen bei Tieren wie Bienen (einerseits gibt es die Wabenbildung und anderseits die Entwicklung von sozialem Gefüge). Ein Beispiel für Selbstorganisation in sozioökonomischen Systemen ist das so genannte Herdenverhalten. Es beschreibt die Situation, in der eine Gruppe von Individuen kohärent reagiert, ohne dass es eine Koordination zwischen ihnen gibt; gut zu beobachten etwa bei Demonstrationen.

- Koevolvierende Prozesse: Das System befindet sich in stän-

diger Entwicklung, es evoliert; dies erfolgt aber nicht unabhängig von der Evolution anderer Systeme. Es gibt gegenseitige Anpassungen. Oben wurde bereits das Beispiel
vom Wald und den Menschen, die ihn nutzen, genannt.

Im Kapitel 1 wurden auch Schwellenwerte im System Erde erwähnt. Wir sehen nun, dass bestimmte Prozesse, nachdem
eine gewisse Grenze überschritten wurde, ein schlagartig ver-
ändertes Verhalten des Systems nach sich ziehen. Möglich ist
auch, dass das System zusammenbricht und seine Funktionen
nicht mehr aufrechterhalten kann. Meist erfolgt diese gravie-
rende Veränderung nicht in einem langsamen und stetigen
Ablauf, sondern schlagartig. In einem Vulkan zum Beispiel
brodelt die heiße Magmamasse lange vor sich hin und baut
immer mehr Druck auf, bis der Druck eines Tages so hoch ist,
dass sie aus dem Vulkan geschleudert wird. Seen haben eine
bestimmte Selbstreinigungskraft und können Abwässer, die
eingeleitet werden, abbauen. Werden jedoch immer mehr Abwässer in den See geleitet, gibt es irgendwann einen Zeit-
punkt X, zu dem das System See seine Funktionen und damit
auch die Selbstreinigung nicht mehr aufrechterhalten kann.
Der See kippt und wird zu einem toten Gewässer, in dem
kaum mehr Leben existieren kann.

Sind solche Schwellenwerte überschritten, gibt es kein Zurück mehr. Wir erleben einen irreversiblen Prozess. Natürliche Systeme haben oft eine erstaunliche Widerstandskraft
und Belastbarkeit und können ihre Funktionen trotz widriger
Umstände lange erfüllen (diese Fähigkeit von Systemen
nennt man Resilienz). Es ist allerdings sehr schwer vorhersagbar, wie lange diese Fähigkeit bei negativen Einflüssen erhalten bleibt und ab wann sie verloren geht und damit der
Schwellenwert überschritten wird.

Bevor der Schwellenwert erreicht wird, scheint das System nicht auf die treibende Kraft zu reagieren, die zu jener abrupten Änderung führt, wenn die Schwelle überschritten ist. Durch diese scheinbar unbeschränkte Toleranz des Systems werden Warnsignale oft zu spät erkannt, und es kann nicht mehr rechtzeitig reagiert werden. Komplexe Systeme können also nicht wirkungsvoll kontrolliert werden. Wenn wir sie beeinflussen oder in ihre Entwicklung eingreifen, können starke, plötzliche Veränderungen oder schwache bzw. stark verzögerte Reaktionen die Folge sein.

Wir müssen uns bewusst sein, dass Vorhersagen für diese Systeme über einen bestimmten Zeitraum hinaus nicht möglich sind. Das Wetter für morgen oder für die nächsten Tage in einer Region ist vorhersagbar, aber nicht das Wetter für ein ganzes Jahr. Wir können mit Computermodellen, Formeln und mit aller Mathematik diese Systeme nicht vollständig erfassen, berechnen oder beschreiben. Dennoch können wir uns sehr wohl wissenschaftlich mit komplexen, offenen Systemen beschäftigen. Systemtheorien versuchen, solche Systeme und deren Verhalten zu verstehen, (so weit wie möglich) zu berechnen und zu modellieren.

Das komplexe System Erde

Wenn wir die genannten Eigenschaften von komplexen Systemen auf die Erde übertragen, erkennen wir sofort, dass sie als ein Musterbeispiel eines solchen Systems aufgefasst werden kann. Im System Erde und seinen mannigfaltigen Teilsystemen finden sich sämtliche Eigenschaften komplexer Systeme wieder. Und wie bei allen komplexen Systemen ist auch hier ein bestimmter, adäquater Umgang mit dem System erforderlich. Menschliche Eingriffe haben also weit reichende Auswirkungen, und wir können nicht davon ausgehen, dass diese eindeutig oder kontrollierbar sind, weder die »negativen« noch die »positiven«.

Wie wir oben gesehen haben, ist die Erde ein offenes System, steht also in Verbindung mit ihrer Umgebung, dem Weltraum. Allerdings ist sie kein unbegrenztes System. Sie kann nicht unendlich lange als Senke für unsere Abfälle und Emissionen benützt werden, da ihre räumlichen Kapazitäten wie auch die Fähigkeit, Abfälle zu verarbeiten und abzubauen, begrenzt sind. Und natürlich können wir auch nicht ihre Rohstoffe unendlich lange ausbeuten. Diese haben sich über Millionen von Jahren gebildet und können sich nicht in einigen hundert oder tausend Jahren, in denen wir sie abbauen, erneuern. Da aber die Geschwindigkeit, mit der wir Rohstoffe abbauen, höher ist als die Rate, mit der sie wieder nachwachsen, und da auch die Geschwindigkeit, mit der wir die Erde mit Abfällen belasten, höher ist als deren Abbaurate, verletzen wir das dynamische Gleichgewicht der Erde. Wir greifen in die Prozesse ein, ohne die Auswirkungen zu kennen oder zu verstehen.

Dennoch gelang und gelingt es der Menschheit in vielen Bereichen sehr gut, mit dem System Erde umzugehen. Wenn wir uns der Tatsache bewusst sind, dass die Erde ein komplexes System ist und wir die Auswirkungen unserer Eingriffe nicht kennen, dann sind das gute Voraussetzungen dafür, unser Handeln sowie unsere Politik so zu verändern, dass die Erde ihr Gleichgewicht nicht verliert und keine Basis mehr für Leben und Entwicklung bietet. Wie der Systemwissenschaftler Frederic Vester sagt, ist ein simples Ursache-Wirkung-Denken nicht geeignet, um die Erde richtig zu »behandeln« und gegenwärtige Probleme zu lösen, da es sich an Einzelproblemen orientiert. Wir benötigen ein Denken in dynamischen Strukturen sowie ein Verständnis von komplexen Systemen.

Beziehungsarten in Systemen:

(1) Linear: Eine Wirkung verändert sich im gleichen Maße wie ihre Ursache. Dafür sind in der Natur nur wenige Beispiele zu finden. Zu nennen wäre der Maisertrag pro Fläche, der proportional mit der Tiefe der Humusschicht steigt, doch auch hier gilt die Linearität nur innerhalb eines gewissen Bereichs; wird die Humusschicht darüber hinaus vergrößert, erhöht sich der Ertrag nicht mehr.

(2) Nichtlinear: Ursache und Wirkung verändern sich *nicht* in gleichem Maß; es kommt zu Stauungen, Sättigungen, Beschleunigungen. Wird mehr Geld in Forschung investiert, dann steigt die Qualität der Ergebnisse überproportional, aber ab einer gewissen Zeit gibt es eine Sättigung, da die Qualität auch von anderen Faktoren (Infrastruktur oder Umfeld) abhängt. Ein bekanntes Beispiel für eine nichtlineare Beziehung ist exponentielles Wachstum (vgl. das Beispiel der Wasserlilie in Kap. 1). Wenn wir solche Prozesse nicht rechtzeitig bemerken, steuern wir auf endgültige Grenzen zu oder überschreiten Schwellen, die zu einem Zusammenbruch des Systems führen.

DPSIR – ein Ansatz zur Beschreibung der Auswirkungen unserer Aktivitäten auf die Umwelt

Vorgänge in Systemen, deren Ursachen, Wirkungen und Wechselwirkungen können auf verschiedene Art beschrieben werden. Die europäische Umweltagentur (EEA) und das Umweltprogramm der Vereinten Nationen (UNEP) verwenden neben anderen Institutionen den so genannten DPSIR-Ansatz. Dieser dient der Beschreibung kausaler Wirkungszusammenhänge in der Umwelt und in sozialen Systemen, um daraus geeignete politische Maßnahmen und Verhaltensweisen abzuleiten.

DPSIR besteht aus Abkürzungen von im Englischen gebräuchlichen Begriffen. D steht für *driving force*, P für *pressure*, S für *state*, I für *impact* und R für *response*. Es gibt für diese Begriffe keine einheitliche deutsche Übersetzung. In der folgenden Tabelle sind deutsche Begriffe aufgeführt, auf die wir auch weiterhin zurückgreifen werden.

englisch	deutsch	Erklärung
driving force	Antriebskraft	Gemeint sind treibende Kräfte von Veränderungen, die von menschlichen Aktivitäten ausgehen; sie wirken indirekt über Belastungen auf Systeme ein und können demografischer, ökonomischer, sozialer, politischer, wissenschaftlicher, technologischer, kultureller oder spiritueller Natur sein (z. B. die Nachfrage nach Energie, Wirtschaftswachstum, die Nachfrage nach Ernährung und Behausung, Bevölkerungswachstum).
pressure	Belastung	Dies sind Belastungen und Stressmomente, die auf die Systeme wirken und sich in veränderten Umweltbedingungen manifestieren (z. B. Treibhausgasemissionen, Altlasten, Lärm).

englisch	deutsch	Erklärung
state	Zustand	Dies bezeichnet den quantitativen und qualitativen Zustand der Systeme (z. B. Wasserqualität eines Sees, globale Durchschnittstemperatur, Anzahl der Arten in einem Wald).
impact	Wirkung	Darunter wird die spezifische Wirkung der Belastung auf die Funktionen von Ökosystemen und damit auf die Menschen und deren Lebensqualität verstanden (z. B. Gesundheit, Aussterben von Arten, Eutrophierung).
response	Reaktion	Politische und gesellschaftliche Reaktionen (z. B. Steuern, Gesetze, Abwanderung), die die Antriebskräfte und Belastungen reduzieren oder eine Anpassung an den veränderten Zustand und dessen Wirkungen ermöglichen.

Die Abb. 2.1 beschreibt als einfaches Beispiel, das aber die einzelnen Begriffe und Zusammenhänge illustriert, die Wasserqualität eines Flusses. Ausgangspunkt ist der Zustand, also die (schlechte) Wasserqualität. Woher kommt diese? Sie entsteht aufgrund der Belastung mit Gemeindeabwässern, die wiederum aufgrund von vermehrtem Bevölkerungswachstum in Gemeinden flussaufwärts zugenommen hat. Dies hat Auswirkungen auf die menschliche Gesundheit und auf die Funktionen des Flusses (seine Fähigkeit zur Regeneration etwa). Die Reaktionen können verschiedener Art sein und damit auch auf verschiedene Elemente des Kreislaufes einwirken. So werden durch den Bau von Kläranlagen Abwässer nicht mehr oder nur zum Teil in den Fluss eingeleitet. Maßnahmen wie die Verwendung von Trinkwasser in Flaschen, die am Ende der Kette getroffen werden, sind so genannte End-of-pipe-Maßnahmen. Sie beheben nicht die Ursache (die Antriebskräfte oder Belastungen), sondern mindern die Auswirkung. Natürlich ist es prinzipiell besser, Probleme an der Wurzel zu beheben, da es dann gar nicht zu negativen Wirkungen kommt (Krankheit). Mit der Behebung der Ursache können manchmal sogar mehrere Probleme gleichzeitig gelöst werden. Allerdings kann die Ursachenbehebung (zum Beispiel bei der Beschränkung des Bevölkerungswachstums) auch negative Wirkungen haben (Mangel an Arbeitskräften). Anhand dieses Beispiels kann man sehr gut erkennen, dass es zur Lösung eines Problems wichtig ist, alle Bestandteile im Gesamtzusammenhang zu sehen und zu überlegen, an welcher Stelle man eingreift, um möglichst optimale Wirkungen zu erzielen.

Der DPSIR-Ansatz versucht, Informationen über die verschiedenen Elemente der DPSIR-Kette zur Verfügung zu stel-

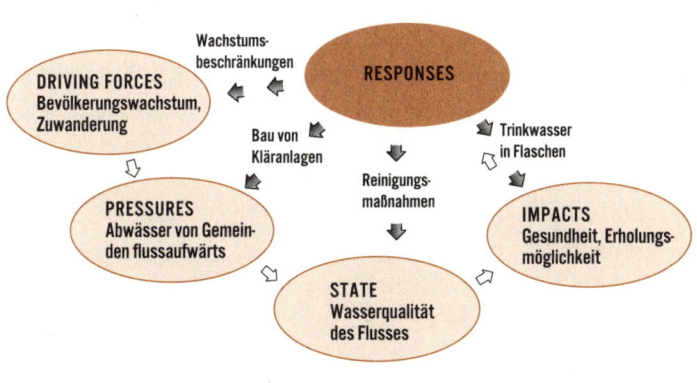

Abb. 2.1 Der DPSIR-Ansatz am Beispiel der Wasserqualität eines Flusses.

len, die Verbindungen zwischen diesen offen zu legen und die Wirksamkeit von Reaktionen abzuschätzen. Er bezieht Ursachen (Antriebskräfte und Belastungen) auf Zustände, Aktivitäten (Politikmaßnahmen und Entscheidungen) und auf die Wirkungen auf Menschen.

Dieser Ansatz stellt eine starke Vereinfachung der Vorgänge in Systemen dar und wird daher auch immer wieder kritisiert. Er bietet freilich nur *eine* Möglichkeit neben vielen anderen, Probleme in Systemen zu beschreiben. Da er die Wechselwirkungen zwischen natürlichen Systemen und sozioökonomischen Systemen abbildet und damit auch aufzeigen kann, wo Maßnahmen erwünscht und notwendig sind, ist er als Darstellungsmöglichkeit für dieses Kapitel jedoch gut geeignet. Allerdings ist es wichtig, sich immer bewusst zu sein, dass er nicht die ganze Komplexität der Zusammenhänge abbilden kann und damit auch nicht als einziges Modell zur Problemlösung herangezogen werden sollte.

Nach diesem Ausflug in die doch etwas abstrakte Welt der Systeme und ihrer Theorien wird im nächsten Abschnitt anhand von drei Beispielen menschlicher Eingriffe in das System Erde die Komplexität bestehender Zusammenhänge aufgezeigt. Dabei verwenden wir die oben genannten deutschen Begriffe. Wenn sie nicht direkt vorkommen, werden sie in Klammern angegeben.

Der Klimawandel

Nehmen wir als erstes Beispiel den Klimawandel. Das Klimasystem der Erde ist durch seine weltumspannenden Einflussfaktoren und Auswirkungen ein gut geeignetes Demonstrationsobjekt für Komplexität. (Ihm ist auch ein eigener Band in dieser Reihe gewidmet: Mojib Latif, *Bringen wir das Klima aus dem Takt? Hintergründe und Prognosen*). Der Klimawandel gilt, laut UNEP 1999, als das mit Abstand wichtigste Umweltproblem der Zukunft, was allein durch die fast täglich erscheinenden Zeitungsartikel zum Thema belegt wird. Nur noch sehr wenige Wissenschaftler sträuben sich gegen die Aussage, dass zurzeit ein Klimawandel stattfindet und dass dieser durch den Menschen verursacht wird. Das Thema wirft viele Fragen auf: Welche Auswirkungen sind zu erwarten? Reichen die im Kyoto-Protokoll festgelegten Ziele, um die Auswirkungen in erträglichem Maß zu halten? Hat es überhaupt einen Sinn, auf die dort vereinbarten Ziele hinzuarbeiten, wenn doch wesentliche Länder die Vereinbarungen nicht mittragen und viele bevölkerungsreiche Schwellenländer ihre Kohlendioxid-Emissionen kräftig steigern?

Betrachten wir die einzelnen Faktoren der Reihe nach: Was sind die Belastungen und die Antriebskräfte, die zum Klimawandel (Zustand) führen? Das wichtigste klimarelevante Gas ist Kohlendioxid. Es ist seit Jahrmillionen Bestandteil der Atmosphäre und ein an sich ungefährlicher Stoff. Mehr noch: Erst durch seine Wirkung als Wärmespeicher in der Atmosphäre konnte sich das Leben in seiner heutigen Vielfalt auf der Erde entwickeln. Die kurzwellige Strahlung, die von der Sonne kommt, durchdringt ungehindert dieses Gas in der Atmosphäre, während die langwellige Wärmestrahlung, die von der Erdoberfläche zurückgestrahlt wird, von Kohlendioxid und anderen Treibhausgasen absorbiert wird. So bleibt ein Teil dieser Wärme der Erde erhalten, und die Erdtemperatur beträgt im Mittel $+15\,°C$ statt $-18\,°C$ ohne Kohlendioxid. Diesen Mechanismus nennt man Treibhauseffekt. In den letzten Jahrzehnten ist der Kohlendioxid-Gehalt der Atmosphäre allerdings kontinuierlich angestiegen.

Wie die Wissenschaft zu Erkenntnissen über den Zusammenhang zwischen CO_2 und dem Klima gelangte, verdeutlicht ein Beispiel aus der Antarktis: Wissenschaftlern ist es bei der nahe dem magnetischen Südpol gelegenen Forschungsstation Vostok gelungen, lange Bohrkerne aus dem Eis herauszuholen und zu analysieren (siehe Petit et al.). Da das Eis Jahr für Jahr durch zusammengedrückte Schichten von Schnee aufgebaut wird, ist es möglich, die jährlichen Eisschichten zu erkennen. Ferner lässt sich auch bestimmen, wie alt die Eisschichten sind und welche Konzentrationen von bestimmten Gasen in der Atmosphäre zurzeit des Schneefalls vorhanden waren, denn diese Gase sind in kleinen Luftbläschen im Eis festgehalten. Durch Messung von bestimmten Sauerstoff-Isotopen kann auch die Temperatur der Atmosphäre zurzeit der Eisbildung festgestellt werden. In mühevoller Kleinarbeit haben die Wissenschaftler auf diese Weise die Geschichte des Systems Erde rekonstruieren können. Die Abb. 2.2 zeigt die Konzentration von Kohlendioxid und Methan in der Atmosphäre sowie die Temperatur während etwas mehr als 400000 Jahren.

In diesen »Vostok-Kurven« fällt die Ähnlichkeit zwischen den Änderungen des Kohlendioxid- und Methangehalts einerseits und der Temperatur andererseits auf. Sie steigen und fallen fast simultan. Tiefe Werte von Gaskonzentrationen und Temperatur sind in den vier großen Eiszeiten der jüngsten Erdgeschichte vor ungefähr 20000 Jahren, 150000 Jahren, 270000 Jahren und 340000 Jahren festzustellen. Das ergibt einen relativ stabilen Zyklus von etwa 100000 Jahren, der mit Änderungen in der Umlaufbahn der Erde um die Sonne übereinstimmt. Allerdings sind diese Änderungen der Umlaufbahn zu klein und zu regelmäßig, um die gezeigten Kurven vollständig zu erklären. Vor allem die abrupten Erwärmungen

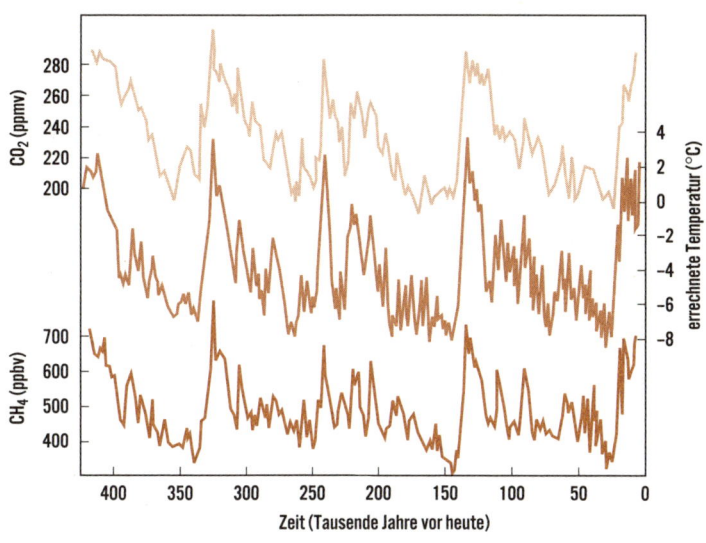

Abb. 2.2 Messungen von Kohlendioxid- und Methangehalt sowie der Temperatur im antarktischen Eis. Die Kurven zeigen die vier Eiszeiten und Zwischeneiszeiten der letzten 420 000 Jahre.

am Ende einer Eiszeit deuten auf ein komplexes Zusammenspiel zwischen Atmosphäre, Ozeanen und Biosphäre hin.

Sehr interessant ist aber auch die Tatsache, dass die Werte in einem fast konstanten Bereich liegen. Die Maximumwerte steigen in allen Zwischeneiszeiten ähnlich hoch an, und die Minimumwerte sind ähnlich tief in allen Eiszeiten. Mit anderen Worten: Das System Erde hat sich selbst reguliert. Die Wechselwirkungen zwischen Atmosphäre, Ozeanen und Biosphäre haben dafür gesorgt, dass es regelmäßige Zyklen gab.

Kehren wir zum Eisbohrkern von Vostok zurück und betrachten nun die Kohlendioxidkonzentrationen, die dort gemessen wurden, im Vergleich zu Messungen, die in der Atmosphäre in den letzten 50 Jahren gemacht worden sind. (Die ersten regelmäßigen Messungen von Kohlendioxid in der Atmosphäre wurden 1957 auf Hawaii begonnen; siehe Keeling und Whorf.) Da die atmosphärische Zirkulation diese Emissionen schnell verteilt, reicht eine Messung an einer Stelle der Erde aus, um Aussagen über die weltweite Konzentration machen zu können. Abb. 2.3 veranschaulicht den Vergleich. Sie zeigt die Kohlendioxidkonzentration der letzten 420 000 Jahre, gemessen im Eisbohrkern von Vostok, und die Konzentration in den letzten 50 Jahren, gemessen an Messstationen auf der Erdoberfläche. Während die Konzentration von Kohlendioxid in der Atmosphäre über 420 000 Jahre zwischen 100 und 280 ppm pendelte, stieg die Konzentration in den letzen 50 Jahren um fast 100 ppm und betrug im Jahre 2000 ungefähr 370 ppm. Das Ergebnis ist eindeutig: Menschliche Aktivitäten haben die Konzentration von Kohlendioxid weit über ihr natürliches Niveau der letzten 420 000 Jahre erhöht.

Verantwortlich dafür ist vor allem das Verbrennen enormer Mengen fossiler Energieträger wie Kohle, Erdgas und Erdöl. Auf diese Weise setzte der Mensch in den letzten Jahrzehnten Unmengen von Kohlendioxid in die Atmosphäre frei, die zuvor fest gebunden unter der Erde lagen (zur Thematik »Energienutzung« mehr im Band von Hermann-Josef Wagner in dieser Reihe). Auch das Abholzen großer Wälder trägt zum Anstieg der Kohlendioxid-Konzentration bei, denn dabei wird der im Holz gespeicherte Kohlenstoff frei, sobald das Holz verbrannt wird oder verrottet.

Weitere (von Menschen verursachte) Ursachen sind mit anderen Treibhausgasen verbunden. Kohlendioxid ist zwar das

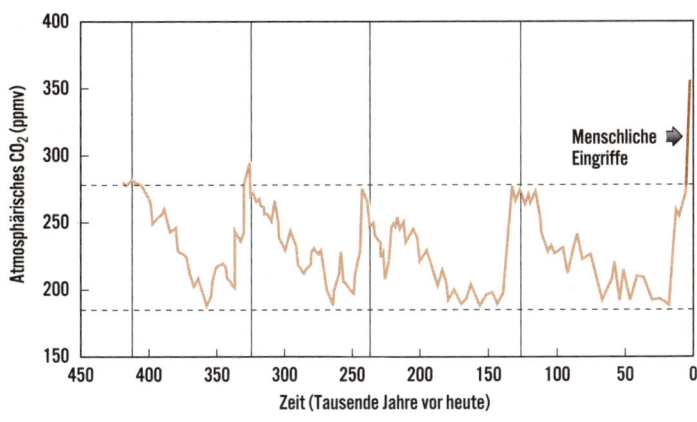

Abb. 2.3 Die Konzentration von Kohlendioxid in der Atmosphäre in den letzten 420 000 Jahren, gemessen im Eisbohrkern von Vostok. Im Vergleich dazu Messungen der Konzentration in den letzten Jahren. Die Werte von heute sind an der rechten Seite der Kurve abzulesen.

wichtigste, aber nicht das einzige Treibhausgas. (Die sechs Treibhausgase, deren Emissionen laut Kyoto-Protokoll kontrolliert werden sollen: Kohlendioxid, Methan, Distickstoffoxid (Lachgas, N_2O), teilhalogenierte Fluorkohlenwasserstoffe (H-FKW / HFCs), perfluorierte Kohlenwasserstoffe (FKW / PFCs) und Schwefelhexafluorid (SF_6). Die teilhalogenierten Fluorkohlenwasserstoffe sind Ersatzstoffe für die FCKW, die im Montreal-Protokoll verboten worden sind. Sie zerstören zwar das stratosphärische Ozon weniger als die FCKW, fördern aber den Treibhauseffekt.) Methan erzeugt einen noch viel stärkeren Treibhauseffekt und wird durch Viehzucht, Reisanbau und über Mülldeponien in die Atmosphäre emittiert. Der Verbrauch von fossiler Energie, die stärkere Abholzung von Wäldern, Viehzucht (angekurbelt durch

erhöhten Fleischkonsum) und Reisanbau steigen mit Bevölke-
rungs- und Wirtschaftswachstum und verstärktem Handel
durch die Globalisierung. Hauptverantwortlich sind also die
auf fossilen Energieträgern fokussierte Energiepolitik und
nicht nachhaltige Lebensstile. Diese können als primäre Antriebskräfte hinter dem Anstieg von Treibhausgaskonzentrationen identifiziert werden.

Die Anreicherung von Kohlendioxid und anderen Gasen in
der Atmosphäre verstärkt den Treibhauseffekt. Folge: Die
durchschnittliche Erdtemperatur steigt (Zustand). Wissenschaftler haben verschiedene Szenarien erstellt, in denen sie
zeigen, wie sich die Kohlendioxid-Konzentration und die
durchschnittliche Erdtemperatur entwickeln könnten. Das Intergovernmental Panel for Climate Change (IPCC), ein internationales Gremium von Wissenschaftlern und Wissenschaftlerinnen, die in regelmäßigen Intervallen alle Aspekte
der Klimaproblematik evaluieren und an die Regierungen der
Welt berichten, gibt eine Bandbreite von 1,4 bis 5,8 °C für die
Entwicklung der Globaltemperatur in der Zeitspanne von
1990 bis 2100 an.

Klimaänderungen hat es immer gegeben. Neu ist allerdings, dass die jetzt stattfindende Veränderung durch zunehmende Treibgaskonzentrationen verursacht wird, die auf Aktivitäten des Menschen zurückzuführen sind (Antriebskräfte)
und die so groß ist wie noch nie in der jüngsten Erdgeschichte.
Außerdem ist die Geschwindigkeit, mit der diese durch den
Mensch verursachten Änderungen erfolgen, ungewöhnlich
hoch.

Der vom Menschen verursachte Klimawandel ist ein weit-
hin anerkannter Zustand. Was aber ist so schlimm daran? Gerade in Mitteleuropa denkt sich so mancher, dass weniger
kalte Winter und wärmere Sommer doch gar nicht so unan-

genehm wären. Doch der Klimawandel ist ein gutes Beispiel für die sehr komplexen Zusammenhänge zwischen Atmosphäre, Biosphäre und Ozeanen sowie zwischen diesen und den sozioökonomischen Systemen. Denn: Es bleibt nicht allein bei einem Anstieg der Temperatur. Bei näherer Betrachtung zeigt sich sehr schnell, dass man sich »besseres Wetter« nicht einfach durch erhöhten Kohlendioxid-Ausstoß »bestellen« kann. Die Auswirkungen des Klimawandels sind mannigfach, viele von ihnen sind noch immer nicht vorauszusehen, und es steht auch noch nicht fest, ob es »Gewinner« des Klimawandels geben wird.

Die Zusammenhänge wurden erst in den letzten Jahrzehnten erforscht. Auch wenn uns vieles inzwischen sehr bekannt vorkommt, sind dies zum Großteil relativ neue Erkenntnisse.

Was also bewirkt ein Temperaturanstieg? Beginnen wir beim bereits beobachtbaren Anstieg des Meeresspiegels. Dieser wird in erster Linie durch die Ausdehnung des Wassers verursacht. Wasser hat bei 4 °C seine höchste Dichte – bei dieser Temperatur kann man also am meisten Wasser in einem bestimmten Raum unterbringen. Steigt die Wassertemperatur, dehnt sich das Wasser aus und braucht mehr Platz. Das Meer wird wie ein volles Glas überlaufen, es breitet sich auf bisherige Landflächen aus. Der Meeresspiegel ist über die letzten 6000 Jahre um maximal 1 Millimeter – meist jedoch weniger – pro Jahr gestiegen, das zeigen geologische Daten. Im 20. Jahrhundert jedoch begann der Meeresspiegel sich stärker anzuheben: 1 bis 2 Millimeter jedes Jahr. Für jeden Zentimeter, den das Meer ansteigt, geht durchschnittlich etwa ein Meter Küstenland an das Meer verloren – beim jetzigen Tempo des Anstiegs muss man also alle fünf bis zehn Jahre mit dem Verlust von 1 Meter rechnen.

Modellberechnungen gehen von einem Anstieg des Mee-

resspiegels um bis zu 90 Zentimeter bis 2100 aus. Im Mittel
ergibt sich ein Anstieg von 49 cm als Vorhersage für das Jahr
2100 (nach IPCC 2001). Im Extremfall kann dieser aber deutlich darüber liegen. Besonders betroffen sind vor allem flache
Küstengebiete. Abb. 2.4 zeigt die Auswirkungen eines Meeresspiegelanstiegs von 1,5 Metern auf Bangladesch. 22 000
Quadratkilometer des Landes wären betroffen, und 17 Millionen Menschen würden ihre Heimat verlieren (siehe Kromp-
Kolb und Formayer). Die in den betroffenen Gebieten lebende
Bevölkerung müsste auswandern oder durch technisch höchst
aufwändige Vorrichtungen vor dem Meer geschützt werden;
ebenso betroffen wären die durch Tourismus und Häfen ökonomisch wichtigen Küstenregionen. Süßwasservorräte würden schwinden, weil Salzwasser in die Grundwasservorkom-
men eindringen würde, einzelne Tiere und Pflanzen, aber
auch ganze Lebensgemeinschaften würden aussterben. Diese
Liste ist nur ein Teil der möglichen Auswirkungen, zeigt aber
bereits, wie vielfältig die Wirkungen von Belastungen sein
können. Es würde die Menschen ebenso treffen wie Tiere und
Pflanzen – auch wenn wir gerne glauben, der Natur überlegen
zu sein.

Einen weiteren wesentlichen Beitrag zum Anstieg des Meeresspiegels (Zustand) liefert das Abschmelzen der polaren Eis-
schilde, was ebenfalls auf den Temperaturanstieg zurückzuführen ist. Eine Vorstellung von den Dimensionen geben fol-
gende Zahlen: Das Abschmelzen des Grönlandeises würde zu
einem Anstieg um 3 bis 6 Meter führen, jenes des westantark-
tischen Eisschildes um weitere 3 Meter (siehe Kromp-Kolb
und Formayer).

In Bezug auf ein mögliches Abschmelzen der Gletscher
zeigt sich nochmals deutlich die Komplexität des Klimawandels – denn der Anstieg des Meeresspiegels ist bei weitem

Auswirkungen des Meeresspiegelanstiegs auf Bangladesch

Heute:
Einwohnerzahl: 112 Millionen
Landfläche: 134 000 km²

Meeresspiegelanstieg von 1,5m
betroffene Bevölkerung: 17 Millionen (15 %)
betroffene Fläche: 22 000 km² (16 %)

 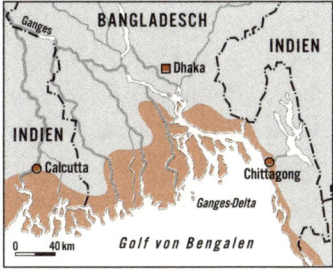

Abb. 2.4 Auswirkungen eines Meeresspiegelanstiegs von 1,5 Meter auf Bangladesch.

nicht die einzige Folge. Die weißen Gletscherflächen reflektieren einen großen Teil der einstrahlenden Sonnenenergie in den Weltraum. Die Wärme geht damit verloren. Mit einem Rückgang der Gletscher würde auch die Reflexion von Sonnenenergie in den Weltraum ab- und die Absorption von Sonnenstrahlung zunehmen. Die Energie bliebe demnach dem Energiesystem der Erde erhalten – ein weiterer Beitrag für die Klimaerwärmung und eine starke positive Rückkoppelung. Diesen Effekt kann jeder selbst hervorrufen. Es genügt, sich an einem strahlenden Sommertag mit einem dunklen T-Shirt in die Sonne zu setzen. Dunkle Flächen absorbieren das Sonnenlicht. Eine dunkel gekleidete Person leidet folglich weit stärker unter der Sonne als eine hell gekleidete. Ein ähnlicher Effekt ist auch zu erwarten, wenn weite Teile von jetzigen Landflächen überflutet werden – auch das ändert die Rückstrahlung von Energie in den Weltraum.

Neben den bisher beschriebenen Effekten des Klimawandels werden durch einen Anstieg der durchschnittlichen Erdtemperatur auch Muster und Ausmaß der Niederschläge verändert. Hier sind die Änderungen sehr schwer vorherzusagen, allerdings wurden im 20. Jahrhundert solche Änderungen schon beobachtet. Abb. 2.5 zeigt, dass es eine Zunahme der Niederschlagsmenge in den höheren Breiten gab (z. B. im Norden von Norwegen, Schweden und Kanada) und eine Abnahme in den Tropen (vor allem südlich der Sahara). Durch einen Temperaturanstieg ändert sich die Aufnahmefähigkeit der Luft von Wasserdampf, der Wasserkreislauf wird beschleunigt. Man kann allerdings nicht pauschal vermuten, dass es mehr regnen wird. Vielmehr können die Auswirkungen regional sehr verschieden sein: In manchen Regionen wird es mehr regnen, in anderen wird es trockener werden (leicht anzunehmen, dass das dort sein wird, wo es ohnehin schon wenig regnet). Dazu sagen Meteorologen eine Zunahme von Extremereignissen wie Dürren, Überschwemmungen, Hurrikans etc. voraus.

Eine weitere Auswirkung ist die Änderung der weltweiten Meereszirkulation. Diese ist abhängig von Temperatur und Salzgehalt der Meere, der sich bei stärkerer Verdunstung ebenfalls ändert. Mögliche Folge ist ein Abflauen oder sogar ein Zusammenbruch des Golfstroms. Das würde, im Gegensatz zu einer weltweiten Erwärmung, in Europa zu einer extremen Abkühlung führen. Denn der Golfstrom bringt uns die warme Luft aus südlicheren Breiten (eine eingehende Diskussion dieser Punkte enthält das Buch von Katherine Richardson und Stefan Rahmstorf *Was bedeuten die Ozeane für das Leben? Biologische und physikalische Aspekte*).

Ein Beispiel für einen positiven, das heißt sich selbst verstärkenden Rückkoppelungseffekt ist der Zusammenhang

TREND DES JÄHRLICHEN NIEDERSCHLAGS (1900–2000)

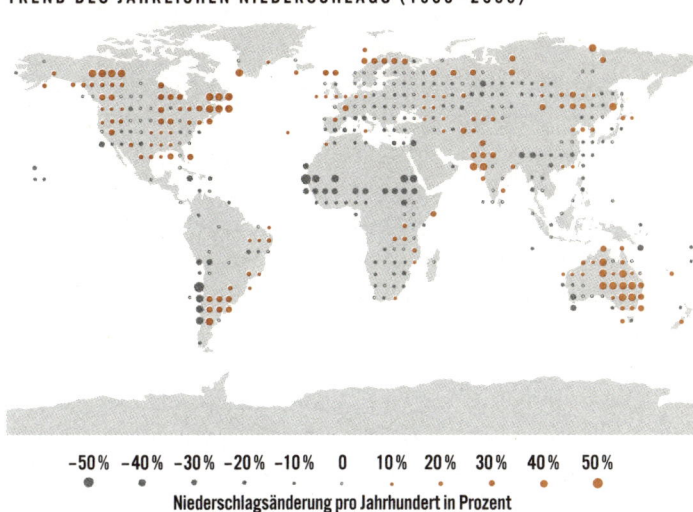

Abb. 2.5 Globale Veränderungen des Jahresniederschlags im 20. Jahrhundert.

zwischen Temperaturerhöhung und Kohlendioxid-Bindung in den Ozeanen (siehe Richardson). Hat man früher angenommen, dass höhere Temperaturen eine höhere Fotosyntheserate (Kohlendioxid-Aufnahme aus der Luft) bedeuten, zeigen neuere Erkenntnisse, dass im Gegenteil die biologische Aktivität abnimmt. Darüber hinaus wird durch höhere Wassertemperaturen mehr Kohlendioxid aus den Meeren abgegeben.

Durch veränderte Temperaturen ändert sich der Lebensraum für alle Lebewesen. Man kann allerdings nicht davon ausgehen, dass Tiere und Pflanzen mit »ihrer« Temperaturzone mitwandern werden (d. h. dass Pflanzen nach Mitteleuropa kommen werden, die es bislang nur im Süden gab oder dass die Waldgrenze sich weiter nach oben verschieben wird).

Denn auch die anderen Faktoren müssen stimmen – es hilft nicht, die richtigen Temperaturen zu haben, wenn dafür die Futterpflanzen, an die die Tiere angepasst sind, nicht mehr vorhanden sind oder wenn der Samen von Pflanzen zwar in die richtige Temperaturzone fliegt, dort aber nicht auf die richtigen Böden trifft. Einige Tiere und Pflanzenarten werden aufgrund des Klimawandels aussterben. Und – auch unerwünschte – Lebewesen wie etwa Krankheitserreger werden in Gebiete vordringen, die zuvor für sie nicht die richtigen Bedingungen geboten haben.

Eine weitere Rückkoppelung im Klimasystem wird durch die Erwärmung in nördlichen Breiten große Bedeutung erlangen. Diese sind durch einen hohen Anteil von Permafrostböden gekennzeichnet, in welchen Methanhydrat in größeren Mengen vorkommt – wie auch am Boden von Ozeanen. Methanhydrat ist Methan, das in gefrorenes Wasser eingeschlossen ist. Wie oben erwähnt, ist Methan ein weit stärkeres Treibhausgas als CO_2. In ihm liegt eine weitere Gefahr für das Klima. Denn tauen die Permafrostböden im Zuge der Klimaerwärmung auf, kann das Methan schlagartig freigesetzt werden und dann die Erwärmung unvorhersehbar stark beschleunigen. Dieses Beispiel zeigt, wie die Überschreitung eines (noch unbekannten) Grenzwertes eine abrupte Änderung hervorrufen kann. Es zeigt auch die Wirkung einer positiven Rückkoppelung.

Wenn man also über Klimawandel nachdenkt, sollte man immer im Kopf behalten, dass die Zusammenhänge zwischen den einzelnen Faktoren sehr komplex und vielfältig sind und die Folgen sehr unterschiedlich. Nicht überall sind Empfindlichkeit (Sensibilität) und Anpassungsfähigkeit des Systems Erde und der Menschen gleich groß. Die Diskussion ist also mit vielen Fragezeichen versehen.

Die Antworten und Reaktionen auf den Klimawandel kann man in zwei Gruppen einteilen: Erstens die Reduktion des Treibhauseffektes durch verminderte Emissionen von Treibhausgasen und zweitens die Anpassung der Lebewesen an den Klimawandel. Ersteres wird durch den Umstieg auf erneuerbare Energieträger erreicht, durch erhöhte Energieeffizienz und Energieeinsparungen, ganz konkret: zum Beispiel durch Umstieg vom Auto auf öffentliche Verkehrsmittel und Fahrräder, durch Vermeidung von Flügen (siehe dazu auch Hermann-Josef Wagner, *Was sind die Energien des 21. Jahrhunderts? Der Wettlauf um die Lagerstätten*). Dazu bedarf es einer geeigneten Energiepolitik, der Aufklärung der Bevölkerung und eines Bewusstseinswandels. Eine Anpassung erfolgt bei Tieren und Pflanzen durch Abwanderung oder langfristig auch durch Mutationen. Menschen können auch abwandern oder aber Klimaanlagen einbauen (was aber den Treibhauseffekt weiter vorantreibt), sie können verstärkt darauf achten, Häuser nicht in Überschwemmungsgebiete zu bauen etc. Schon durch diese Beispiele wird deutlich, dass Anpassung für die Reichen auf dieser Erde generell wesentlich leichter ist als für die Menschen in Entwicklungsländern.

Die Geschichte vom Viktoriabarsch

Unser zweites Beispiel zeigt eine ganz andere Problematik: Es beschreibt die vielfältigen und unvorhersehbaren Konsequenzen auch kleinerer menschlicher Eingriffe auf das Öko- und Sozialsystem einer Region. In diesem Fall war es das Aussetzen des nicht heimischen Nilbarsches in den afrikanischen Viktoriasee. Auch diese Geschichte ist ein Beispiel für sehr komplexe Zusammenhänge (für eine detaillierte Beschreibung siehe Fuggle). Zwar sind nicht alle Folgewirkungen auf das Aussetzen des Nilbarsches zurückzuführen, aber sie stehen damit in Zusammenhang. Doch der Reihe nach:

Der Viktoriasee liegt an der Grenze zwischen Kenia, Tansania und Uganda und ist der größte See Afrikas. Er ist ungefähr so groß wie Irland. Bis ins 20. Jahrhundert hinein haben strenge soziale Regeln dafür gesorgt, dass der See nicht überfischt wurde. Die Probleme begannen, als die Bevölkerung durch bessere Verkehrsanbindung und durch bessere Erträge der Landwirtschaft zunahm und der Bedarf an proteinreichen Fischen entsprechend stieg (Antriebskraft). Durch effizientere Fischereimethoden (Treibnetze) wurden viele der heimischen Arten überfischt, vor allem solche, die Algen und absterbendes Pflanzenmaterial fraßen. Als der Fischereiertrag nachließ, begann man über Ersatz nachzudenken. 1960 wurde der Nilbarsch (*Lates niloticus*) im Viktoriasee ausgesetzt (Belastung) – trotz des scharfen Protests zahlreicher Wissenschaftler, die fürchteten, dass der Nilbarsch das Ökosystem des Viktoriasees negativ beeinflussen könnte, da er als Raubfisch die heimischen Fische fressen würde. Die Antriebskräfte waren in diesem Fall also wirtschaftliche Ziele und die Hoffnung, dass der Viktoriabarsch (wie der Nilbarsch nach dem Einsetzen in den Viktoriasee genannt wurde) den Proteinbedarf der gewachsenen Bevölkerung decken würde.

Lates niloticus ist ein sehr guter und nahrhafter Speisefisch. Er kommt in Europa, den USA, Japan und anderen reichen Ländern als »Viktoriabarsch« auf den Markt und erfreut sich großer Beliebtheit. Insofern ist die Geschichte des Viktoriabarsches eine ökonomische Erfolgsgeschichte. Als die Bestände im Viktoriasee groß genug waren, entstanden zahlreiche Firmen, die die Fischerei kommerziell betrieben, die Fische hygienisch verpackten und in die reichen Zielländer exportierten. Investitionen aus dem Ausland erreichten die Länder des Viktoriasees, Straßen wurden gebaut, die Luftfahrtindustrie wurde angekurbelt, die Handelsbilanz aufgebessert.

Doch der Preis für den wirtschaftlichen Erfolg war hoch: Die heimischen Buntbarsche sind durch den räuberischen Viktoriabarsch inzwischen beinahe ausgerottet, und das Wasser des Viktoriasees ist durch Algen und Verschmutzung stark verunreinigt. Dazu kommen negative soziale Auswirkungen: Die Fischer, die vorher selbständig fischten und deren Frauen die Fische am lokalen Markt verkauften, arbeiten nun zum Teil in den neuen Firmen. Das Einkommen reicht aber meist nicht, um den – durch den Export – sehr teuren Fisch für die eigene Ernährung zu kaufen. Mangel- und Unterernährung sind die Folge. Verschlimmert wird diese Situation durch die Tatsache, dass sich der große Viktoriabarsch im Gegensatz zu den heimischen Buntbarschen nicht trocknen lässt. Da aber Kühlmöglichkeiten fehlen, ist die Konservierung für die lokale Bevölkerung schwierig. Darüber hinaus verloren die Frauen ihren direkten Zugriff auf den Fischfang, da die angesiedelten Firmen eher Männer beschäftigen. Die Bevölkerung des Viktoriasees lebt heute zum Teil von den Resten der exportierten Fische – von Fischskeletten, an denen kaum noch Essbares hängt.

Verschlimmert wird die soziale Situation am See durch die Tatsache, dass die Region inzwischen eine der höchsten HIV- und AIDS-Raten in Afrika hat – der Anteil zwanzig- bis vierzigjähriger Männer auf den Booten ist stark gesunken. Der (traditionelle) Samstag reicht für Begräbnisse nicht mehr aus. Die Ausbreitung des Virus wird einerseits durch kulturelle Traditionen verstärkt, gegen die schwer anzukämpfen ist. Diese reichen von der vielfachen Verweigerung des Kondomgebrauchs, traditionellen Sexualpraktiken, die die Verbrei-

tung begünstigen, bis hin zum Glauben, dass AIDS durch Ta-
bubrüche statt durch Viren verbreitet wird. Andererseits –
und durch gegenseitige Wechselwirkungen verstärkt – trägt
auch die soziale Situation zu einer weiteren Ausbreitung bei:
Verarmte Frauen versuchen sich durch Prostitution am Leben
zu erhalten, viele Männer, die fernab ihrer Familien am See
als Fischer arbeiten, sind ihre Kunden und tragen die Krankheit dann in ihre Dörfer.

Die ökonomische Erfolgsgeschichte rechnet diese Kosten
nicht mit ein – die Kosten für fehlende Nahrungsmittelsicher-
heit, für Fehlernährung, Krankheiten, und den Wandel der lokalen Wirtschaft.

Allerdings ist die Geschichte damit noch nicht zu Ende. Parallel zur Fischindustrie boomte in den Oberläufen der Zu-
flüsse der Kaffee- und Teeanbau. Dieser ist ebenfalls auf den
Export ausgerichtet – auf Empfehlung der Weltbank und der
Entwicklungsorganisationen, da die Einnahmen zum Schul-
denabbau verwendet werden können. Und direkt am See
wurde vermehrt Reis und Zuckerrohr angebaut, alles mit intensiver Düngung. Folge: Immer mehr Nährstoffe wurden in
den See eingebracht und ließen das Phytoplankton stark anwachsen. Das aber brachte die einheimischen Fische zusätzlich in Bedrängnis, denn das lebenswichtige klare Wasser
wurde durch das wachsende Plankton immer trüber, sodass
sich die einheimischen Fische zwei negativen Entwicklungen
ausgesetzt sahen: dem räuberischen Viktoriabarsch und dem
Plankton.

Doch damit nicht genug: Der Nährstoffeintrag durch die
Landwirtschaft und das Einleiten von ungeklärten Abwässern
aus den umgebenden Wohngebieten bereiteten den idealen
Boden für eine weitere Plage, die nun den See und auch die
Fischwirtschaft bedroht: die Wasserhyazinthe. Sie stammt ur-

sprünglich aus Brasilien und ist eine der gefährlichsten invasiven Arten der Welt. Das heißt, sie kommt ursprünglich nicht aus der Region, kann sich dort aber gut verbreiten und verändert so das vorhandene Ökosystem. Sie kann frei schwimmen, aber auch anwurzeln und bedeckt die Wasseroberfläche. Bei nährstoffreichem, warmen Wasser erfolgt ihre Vermehrung in unglaublicher Schnelligkeit: Innerhalb von 10 bis 20 Tagen kann sich die ursprünglich zugewachsene Fläche verdoppeln (vgl. unsere Berechnung zum vergleichbaren Wachstum der Wasserlilie in Kap. 1). Tatsache ist, dass diese Pflanze die Wirtschaft stark einschränkt, da kleine Boote und Kanus durch sie gar nicht mehr ausfahren können und sogar große Schiffe extrem behindert werden. Ganze Häfen stehen still, wenn der Wind die frei schwimmenden Wasserhyazinthen in sie hineintreibt. Die Bekämpfung der Wasserhyazinthe ist sehr aufwendig und teuer.

Die treibenden Kräfte von Änderungen, Verknüpfungen und unerwarteten Auswirkungen waren in diesem Fall wie erwähnt wirtschaftliche Ziele. Die Wirkungen sind Eutrophierung und Verdrängung von anderen Lebewesen aus dem See, zudem wurde die Lebensgrundlage vieler Einwohner zerstört. Zu den Reaktionen gehören Maßnahmen, um den See zu säubern. Auch der Film *Darwin's Nightmare* von Hubert Sauper, der diese Geschichte in sehr eindringlichen Bildern erzählt, kann als Beispiel für eine gesellschaftliche Reaktion genannt werden, da er die Situation am Viktoriasee in das öffentliche Bewusstsein brachte und damit die Chance auf internationale Unterstützung verbessert hat.

Inzwischen wurden mehrere Programme gestartet, um einerseits die Wasserqualität wieder zu verbessern und andererseits die Wasserhyazinthe in den Griff zu bekommen. Beides ist teuer, und es ist noch nicht klar, wie groß der Erfolg

sein wird. Das Beispiel des Viktoriasees zeigt aber sehr ein-
drucksvoll, wie historische Entwicklungen, landwirtschaftliche Praktiken, die Fischerei und kulturelle Gegebenheiten
ineinander greifen und ein sehr komplexes Bild ergeben. Ge-
steuert wurden viele dieser Entwicklungen zudem nicht durch
die Bevölkerung vor Ort. Vielmehr wurden oft maßgebliche
Entscheidungen fernab in Europa, den USA oder von internationalen Institutionen getroffen.

Ein Staudamm in Ghana

Auch dieses Beispiel zeigt die Verknüpfungen zwischen wirtschaftlicher Entwicklung als Antriebskraft, der Errichtung
eines Stausees (Belastung) und den daraus folgenden Änderungen der Ökosystemdienstleistungen (Zustand) sowie den
Auswirkungen auf den Wohlstand der Bevölkerung und die
gesellschaftlichen Reaktionen.

Die wesentliche Antriebskraft war der erhöhte Strombe-
darf für die Industrialisierung und für die Haushalte in Ghana
in den 1960er Jahren. Daneben sollten die Bewässerung für
die Landwirtschaft und die Transportmöglichkeiten auf dem
Fluss verbessert werden. Ein drittes Ziel war schließlich, Tou-
risten anzulocken. All dies sollte durch den Bau eines Staudammes am Volta-Fluss in Akosombo, Ghana, erreicht werden. Es entstand in den 1960er Jahren der größte von Menschenhand geschaffene See der Welt, der fast vier Prozent der
Landfläche von Ghana bedeckt und eine Uferlänge von 4800
Kilometern aufweist.

Doch was waren die ökologischen und sozialen Auswirkungen
des Staudammes? Die wirtschaftlichen Vorteile für das afrika-

nische Land beschränkten sich auf eine kleine Bevölkerungs-
gruppe. Im Übrigen brachte der Stausee ökologische, aber
auch gesundheitliche und soziale Probleme mit sich.

Die Fließgeschwindigkeit des Flusses unterhalb des Dammes wurde deutlich verringert, und damit wurde die Ökologie
des gesamten Flussgebiets verändert. Es siedelten sich Pflanzen an, die die Vermehrung von bestimmten Schnecken fördern, welche ihrerseits wiederum als Überträger von Darm-
und Harnwegkrankheiten fungieren. Epidemien aufgrund des
durch Schnecken belasteten Wassers waren die Folge.

In den Auen unterhalb des Staudamms gab es weniger Ab-
lagerung von Sedimenten in den landwirtschaftlich wichtigen
Gebieten, was zu Nachteilen für die dort ansässigen Bauern
führte. Weitere Probleme ergaben sich im Mündungsgebiet
des Volta-Flusses in den Atlantik. Weil unterhalb des Stausees
weniger Wasser fließt, konnte Salzwasser aus dem Meer weiter flussaufwärts in den Fluss eindringen. Da darüber hinaus
auch weniger Sand zur Flussmündung am Meer getragen
wurde, ist die Küste ins Land gewandert. Diese Veränderungen haben den Lebensunterhalt der Fischer und Kleinbauern
in der Nähe der Küste zerstört.

Eine Reaktion auf die negativen gesundheitlichen Auswirkungen war die Entwicklung eines integrierten Management-
systems für den See (siehe Gordon und Ametekpor). Pflanzen
wurden aus dem Fluss entfernt, um die Schneckenplage und
damit die Bedrohung für die menschliche Gesundheit zu reduzieren. Außerdem wurden durch Medikamente und Programme zur Verbesserung des Gesundheitsbewusstseins Ge-
genmaßnahmen getroffen.

Der Akosombo-Damm hat sicher zur wirtschaftlichen Entwicklung von Ghana beigetragen, aber zählt man alle Auswirkungen des Stausees zusammen, ist die Gesamtbilanz negativ.

Dieses Beispiel zeigt Zusammenhänge, die auch in vielen anderen Regionen der Erde bestehen. 35 000 große Staudämme wurden allein zwischen 1950 und 1990 weltweit gebaut. Der Drei-Schluchten-Damm, der zurzeit in China vollendet wird, ist durch die aktuelle Diskussion und durch seine Dimension eines der bekanntesten und umstrittensten Beispiele.

Resümee: Vernetzt handeln

Wir wissen nun, dass die Erde ein vernetztes System ist. Auch wenn es nie möglich sein wird, dieses System hundertprozentig zu entschlüsseln, ist ein besseres Verständnis notwendig, um bei Eingriffen möglichst nur gewünschte Wirkungen zu erzielen. Unser Verhalten erzeugt Effekte, die mannigfaltig sind, oft erst spät in Erscheinung treten, nicht vorhersagbar und damit auch nicht vollständig planbar sind. Natürliche und sozioökonomische Systeme besitzen eine gewisse Widerstandskraft, um negative Effekte zu ertragen oder abzuschwächen; allerdings ist diese Kraft nicht unendlich groß. Nach dem Überschreiten von Schwellenwerten können das System oder Teile des Systems zusammenbrechen. Aus einem solchen Zusammenbruch gibt es meist kein Zurück mehr. Im Folgenden sind einige Richtlinien aufgezählt, wie wir handeln können, um zu verhindern, dass natürliche oder sozioökonomische Systeme in einen irreversibel negativen Zustand gelangen. Diese gelten einerseits für jedes einzelne Individuum. Andererseits werden viele Eingriffe in das System Erde durch Gruppen oder sozioökonomische Systeme verursacht. Es gilt daher, für diese Systeme Regeln und Gesetze aufzustellen, die ein Handeln nach den folgenden Punkten gewährleisten.

- Handeln nach dem Vorsorgeprinzip. Dies bedeutet, vorausschauend zu handeln und Aktivitäten aufgrund von möglichen Risiken zu unterlassen oder so umzuwandeln, dass mögliche Risiken sinken. Aufgrund der Komplexität der Systeme, in die der Mensch eingreift, können die Auswirkungen meist nicht exakt vorausgesagt werden oder treten nicht so ein, wie sie vorausgesagt werden. Diese Unsicherheiten nehmen Kritiker oft zum Anlass, Aufrufe zu mehr Vorsicht und zu einem umsichtigeren Umgang mit dem System Erde als unbegründet zurückzuweisen. Meist verbergen sich wirtschaftliche Interessen hinter dieser Sorglosigkeit, da das Vorsorgeprinzip dem ungehemmten wirtschaftlichen Wachstum entgegensteht. Die Erfahrung hat aber gezeigt, dass das Wohlergehen der Menschen durch mehr Vorsorge besser gefördert wird.

  Konsequenz: Selbst bei noch nicht bewiesenen negativen Effekten (z. B. Zusammenbruch des Golfstroms) müssen die Antriebskräfte minimiert werden. Nur so können wir sicher sein, dass es nicht zu ungewollten Folgen kommt, die uns oder die nächsten Generationen betreffen. Wir können nicht alle Eingriffe in das System Erde beenden – aber wir können versuchen, diese so gering wie möglich zu halten.

- Da wir aber schon irreversibel in die Systeme der Erde eingegriffen haben, sind viele unerwünschte Wirkungen bereits Realität geworden. Hier genügt es nicht, nach dem Vorsorgeprinzip zu handeln, sondern es ist notwendig, Maßnahmen zu ergreifen, die die negativen Folgen reduzieren – etwa solche, die den Menschen und auch den natürlichen Systemen helfen, sich anzupassen (z. B. Unterstützung bei einem Umzug in ein Gebiet, das nicht überschwemmt wird). Hilfreich sind auch alle Bestrebungen, weitere negative Wirkungen zu reduzieren wie eine Koh-

lendioxid-Steuer oder die Förderung erneuerbarer Energieträger.

• Um die multiplen Ursachen von Problemen zu berücksichtigen, ist es wichtig, nicht einzelne politische Maßnahmen
zu treffen, sondern integrierte Ansätze zu verfolgen. Denn
Einzelmaßnahmen können zwar einen erwünschten Effekt
haben, sie können sich aber auch an anderer Stelle negativ
auswirken. Integriert heißt dagegen,»dem System und seinen Verknüpfungen angepasst«. Solche Maßnahmen erfordern nicht nur fundierte Kenntnisse über das System, sie
können wegen seiner Komplexität auch langwieriger und
schwieriger umzusetzen sein.

Die Erfolgschancen von Lösungsansätzen steigen, wenn die
Betroffenen in deren Entwicklung mit einbezogen werden.
Werden nämlich Wissen und Wünsche der Bevölkerung
und anderer Interessensträger und -trägerinnen berücksichtigt, werden die Strategien fundierter sein, und ihre
Akzeptanz bei den Betroffenen wird steigen. Weiterer Effekt: Den Menschen kann durch Beteiligung die Komplexität des Problems erst richtig bewusst gemacht werden.

• Vernetzungen erhöhen also nicht nur die Schwierigkeit bei
der Problemlösung, sondern auch deren Erfolgsaussichten.
Sind die Strukturen und Abläufe von Systemen erkannt,
können mit gezielten Maßnahmen mehrere positive Effekte
hervorgerufen werden. Man kann sozusagen mit der»Kraft
des Gegners« arbeiten, wie das auch in manchen asiatischen
Kampfsportarten der Fall ist (»Jiu-Jitsu-Prinzip«). Oft
reicht es, eine Änderung vorzunehmen, um mehrere Probleme zu lösen. Die Reduzierung des Verkehrsaufkommens
trägt zum Beispiel sowohl zur Reduzierung der Treibhausgasemissionen wie auch der Luftverschmutzung bei.

3. Ressourcenverbrauch –
   wir leben über unsere Verhältnisse

Wenn wir die dargestellten Zusammenhänge des Systems Erde berücksichtigen, wird klar, dass »Umweltprobleme« nicht mehr als isolierte Einzelereignisse verstanden werden dürfen, sondern Herausforderungen für das gesamte Mensch-Umwelt-System darstellen. Geeignete Antworten auf diese Herausforderungen sind dann auch nicht allein auf einzelne »Probleme« zu richten, sondern immer auf das gesamte System: Es geht um das Ganze! Wir benötigen deshalb eine umfassende Sicht auf die Gesamtheit aller Eingriffe, die der Mensch in der Ökosphäre unternimmt. Dazu kommen wir in diesem Kapitel.

Der Mensch ist Teil der Natur

Natürliche Ressourcen in Form von Material und Energie, aber auch die Fläche, die uns auf der Erde zur Verfügung steht, bilden die Grundlage aller Lebensvorgänge auf unserem Planeten. Wir Menschen sind auch ein Teil der Natur. Ohne ihre permanente Nutzung könnten Wirtschaft und Gesellschaft nicht funktionieren. Die Natur stellt den Menschen alle Ressourcen zur Verfügung, die zum Leben erforderlich sind: Energie für Wärme- und Stromerzeugung und Mobilität, Holz für Möbel und Papierprodukte, Baumwolle für Kleidung, Baumaterialien für unsere Häuser und Straßen, Nahrungsmittel und sauberes Wasser für ein gesundes Leben. Aber: Jede Nutzung von Ressourcen bedeutet einen Eingriff in natürliche Kreisläufe. Diese Eingriffe sind zwar nicht von vornherein problematisch. Wie wir gesehen haben, ist es aber auch nicht so einfach (und oft gänzlich unmöglich), alle Wirkungen auf die Umwelt zu überblicken. Im Sinne der Nachhaltigkeit ist es daher ganz allgemein wichtig, Eingriffe in die Natur so gering wie möglich zu halten. Dass dies keineswegs mit negativen Folgen für ein »gutes Leben« verbunden sein muss, werden die beiden folgenden Kapitel (4 und 5) zeigen.

Um einen Überblick über die menschlichen Eingriffe in das komplexe System Erde zu erhalten, werden wir diese im Folgenden auf relativ einfache Zahlen reduzieren: den gesamten Land- oder Ressourcenverbrauch eines Menschen, eines Produkts, einer Stadt oder sogar eines ganzen Landes.

Zur Verdeutlichung dient uns dabei die Vorstellung von der Natur als »Kapital«, das der Mensch benutzt, um seine Lebensgrundlagen zu produzieren. Im volkswirtschaftlichen Sinn versteht man unter Kapital manchmal nur die für die Produktion notwendigen finanziellen Mittel, ferner auch Maschinen, Gebäude und Straßen. Dabei übersieht man allzu oft, dass es letztlich die Natur ist, aus der alle »Produktionsmittel« kommen. Da die Natur nichts oder nur wenig kostet, beschränkt man sich jedoch oft auf Arbeit und Kapital, wenn beschrieben wird, wie die Wirtschaft funktioniert.

Der Bestand an natürlichen Ressourcen, aber auch die Ökosysteme mit ihren Verflechtungen zwischen natürlicher Umwelt, Pflanzen und Tieren, werden als »Naturkapital« bezeichnet (vgl. den Kasten »Das Naturkapital«).

Das Naturkapital

Als Naturkapital kann man alle Bereiche der Natur und der Ökosysteme bezeichnen, die für den Menschen Güter und Dienstleistungen bereitstellen. Zu den Gütern zählen einerseits erneuerbare Rohstoffe und Nahrungsmittel wie Wasser, Holz, Getreide oder Fisch. Außerdem entnimmt der Mensch der Natur auch nicht erneuerbare Rohstoffe wie fossile Energieträger (Kohle, Erdöl, Erdgas), Mineralien und metallische Erze.

Erneuerbare Ressourcen stehen dem Menschen Jahr für Jahr als Naturgüter zur Verfügung – solange man sie in einem Ausmaß nutzt, das es der Natur erlaubt, sich wieder zu regenerieren. Die nicht erneuerbaren Ressourcen hingegen reduzieren sich nach jeder Entnahme. Manche Stoffe, wie Metalle oder Baumaterialien, können durch Recycling zum Teil wieder für den Menschen nutzbar gemacht werden – niemals aber zu 100 Prozent.

Neben den Gütern stellt uns das Naturkapital aber auch eine Reihe von Dienstleistungen zur Verfügung. Zu diesen zählen ein stabiles Klima, der Schutz vor Bodenerosion durch Wälder oder der Schutz vor schädlichen UV-Strahlen durch die Ozonschicht. Damit uns die Natur diese Dienstleistungen weiterhin liefern und sich dabei stets selbst regenerieren kann, müssen die Ökosysteme in ihrer Struktur und Vielfalt intakt bleiben.

Wirtschaft und Gesellschaft können wie Lebewesen als ein großer »Organismus« betrachtet werden, durch den Energie und Materialien fließen: Rohstoffe werden zuerst der Natur entnommen, dann in für den Menschen nützliche »Güter« umgewandelt und schließlich als Abfall wieder an das natürliche System zurückgegeben. Wie jede Pflanze, jedes Tier oder jeder Mensch hat daher auch jede Stadt und jedes Land einen »Stoffwechsel«. Dieser Austausch von Material und Energie zwischen gesellschaftlichen Systemen und der Natur wird als »gesellschaftlicher Stoffwechsel« bezeichnet (Abb. 3.1).

Dieser gesellschaftliche Stoffwechsel hat sich im Laufe der Menschheitsgeschichte dramatisch verändert. Sein Ausmaß hat sich von der Steinzeit bis heute mehr als verzehnfacht. Die kulturelle Entwicklung des Menschen ist also auch eine Geschichte der immer wirksameren Ausbeutung von Naturkapital. Frühe Gesellschaftsformen, wie die der Jäger und Sammler, aber auch frühe Agrargesellschaften (mit Ackerbau und Viehzucht) von den Ägyptern bis ins Mittelalter waren zum Großteil von der Nutzung erneuerbarer natürlicher Ressourcen wie Holz, Wasser und Sonnenenergie abhängig. Eine gewisse Landfläche konnte jedoch immer nur eine begrenzte Menge an Energie und Nahrungsmitteln bereitstellen. Dadurch war auch das Wachstum der Bevölkerung und der Wirtschaft limitiert.

Ein Jäger und Sammler hatte einen Pro-Kopf-Verbrauch an natürlichen Ressourcen von etwa 1 Tonne pro Jahr, der haupt-

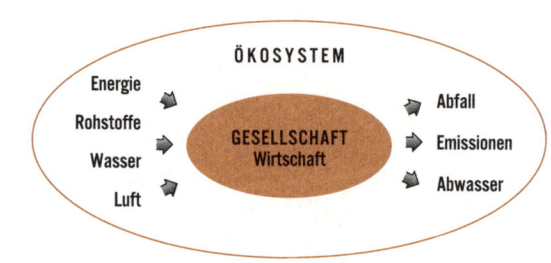

Abb. 3.1 Der gesellschaftliche Stoffwechsel.

sächlich für Ernährung, einfache Behausungen und Waffen zum Erlegen der Beute verwendet wurde. Dieser Verbrauch stieg in den Agrargesellschaften bereits auf 3 bis 5 Tonnen pro Jahr. Einen guten Teil dieses Zuwachses gegenüber Jäger- und Sammlergesellschaften machte der Mehrbedarf an Futter aus, das an die gehaltenen Tiere verfüttert wurde, damit Milch und Fleisch produziert werden konnte. Gleichzeitig wurden größere Gebäude errichtet und mehr metallische Gegenstände wie Pflüge, Waffen, Kochgefäße hergestellt.

Mit der Industriellen Revolution im 18. Jahrhundert wurde die bis heute wichtigste Veränderung im gesellschaftlichen Stoffwechsel eingeleitet, die unsere Entwicklung noch immer prägt. Durch die Nutzung fossiler Energieträger (anfangs Kohle, im 20. Jahrhundert auch Erdöl und Erdgas) stand dem Menschen, verglichen mit früheren Gesellschaftsformen, schlagartig ein Vielfaches an Energie zur Verfügung. Die Abhängigkeit von Holz als wichtigster Energiequelle, die auf einer begrenzten Fläche gewonnen wurde, konnte aufgehoben werden. Angetrieben von diesem Energieschub, begannen Gesellschaften, sich in 50 Jahren dynamischer zu verändern als in 1000 Jahren Menschheitsgeschichte zuvor.

Die Nutzung fossiler Energieträger, die über Jahrmillionen entstanden sind, brachte für den Menschen einen Energieüberfluss, der die Voraussetzung für das bis heute andauernde Wirtschaftswachstum war. Erst die Verfügbarkeit von Energie in billiger und konzentrierter Form ermöglichte die rasante Steigerung der Produktion von Gütern. Und auch die Bevölkerung ist seit der Industriellen Revolution stetig gewachsen, denn durch den Einsatz von immer mehr Maschinen und immer größeren Mengen an Dünger konnte der Ernteertrag pro Fläche permanent gesteigert werden. Ein Hektar Ackerland kann daher heute viel mehr Menschen ernähren als in

Agrargesellschaften, die auf den Einsatz menschlicher und tierischer Arbeit beschränkt waren und keinen Kunstdünger einsetzen konnten. Doch die Fortschritte hatten Folgen: Der Ressourcenverbrauch stieg dramatisch an. Ein Einwohner eines Industrielandes verbraucht heute pro Jahr 15 bis 35 Tonnen an Rohstoffen und Produkten (ohne »ökologische Rucksäcke«, siehe dazu weiter unten in diesem Kapitel) – gegenüber agrarischen Gesellschaften eine Steigerung um das Fünf- bis Zehnfache!

Die Nutzung von Naturkapital ist auch das Thema des Buches *Kann unsere Erde die Menschen noch ernähren? Bevölkerungsexplosion – Umwelt – Gentechnik* von Klaus Hahlbrock, das in dieser Reihe erscheint. Hahlbrock schildert die Notwendigkeit einer Landwirtschaft, die hohe Produktivität mit verringerter Umweltbelastung und nachhaltigem Arten-, Gewässer-, Boden- und Klimaschutz vereinigt. Seine Analyse der realistischen Möglichkeiten konzentriert sich auf die doppelte Frage, ob dieses Ziel durch Fortentwicklung der Pflanzenzüchtung mit Hilfe der »Grünen Gentechnik« erreichbar ist und unter welchen Umständen die Anwendung von Gentechnik verantwortet werden kann.

Auch die Umweltprobleme, mit denen verschiedene Gesellschaftsformen konfrontiert waren, änderten sich im Laufe der Menschheitsgeschichte. Für Jäger-und-Sammler-Gesellschaften genauso wie für Agrargesellschaften bestand aus Sicht der ökologischen Nachhaltigkeit die zentrale Herausforderung darin, die in der Region zur Verfügung stehenden erneuerbaren Ressourcen nicht zu übernutzen. Dies wurde unter anderem durch kulturelle Normen erreicht: Dazu gehörten Vorschriften zum Fasten oder das Verbot von bestimmten Fleischsorten (Verbot von Schweinefleisch im Islam und von Rindfleisch im Hinduismus), was den Fleischkonsum beschränkte. Gerade Schweine ernähren sich wie Menschen von einer breiten Palette an Nahrungsmitteln und waren daher eine Konkurrenz für den Menschen um knappe Ressourcen. Auch das Bevölkerungswachstum selbst wurde kontrolliert. Durch langes Stillen und die Predigt zu Enthaltsamkeit wurde ein größerer zeitlicher Abstand zwischen den Geburten erreicht. Außerdem war ein Großteil der Bevölkerung meist von der Fortpflanzung ausgeschlossen, weil zum Beispiel nur der Hoferbe heiraten durfte.

Wenn diese Beschränkung nicht gelang, kam es zum ökologischen Kollaps, wie das Beispiel der Osterinseln sehr eindrücklich zeigt. Verschiedene Aktivitäten haben dort zu einer Übernutzung der natürlichen Lebensgrundlagen geführt. Vor allem die Errichtung der weltbekannten Steinfiguren und die Rodung der Palmwälder zur Gewinnung von Holz und neuen Ackerflächen sind hier zu nennen. Die Zerstörung der ökologischen Lebensgrundlagen führte zu Nahrungsmangel und leitete schließlich, wie Jared Diamond eindrücklich schildert, den Niedergang von Wirtschaft und Kultur auf den Osterinseln ein – eine Geschichte, die auch für uns eine Lehre bereithält: Denn so wie die Bewohner der Osterinseln nicht flüchten konnten, können auch wir nicht von unserem Planeten flüchten, wenn wir die Natur beschädigt haben.

Neben der Übernutzung der Rohstoffe sind wir in unseren heutigen Industriegesellschaften jedoch zunehmend auch mit einem anderen Typ von Umweltproblem beschäftigt: Die Ökosysteme sind immer weniger in der Lage, die vom Menschen produzierten Abfälle aufzunehmen, weil wir sie schlichtweg überfordern. Die Menschheit produziert heute eine Vielzahl von Rohstoffen, die in natürlichen Kreisläufen entweder gar nicht (zum Beispiel Plastik und bestimmte Chemikalien wie FCKW) oder in geringerer Konzentration (zum

Beispiel Schwermetalle) vorkommen. Da ist es nicht verwunderlich, wenn die Natur Abfälle, die aus diesen Stoffen bestehen, nicht oder nur sehr langsam aufnehmen und unschädlich machen kann. Der verstärkte Treibhauseffekt und der dadurch entstehende Klimawandel sind ein gutes Beispiel für die negativen Folgen unseres Stoffwechsels mit der Natur.

Die meisten der drängendsten Umweltprobleme resultieren also aus der Tatsache, dass der Verbrauch von Energie und Rohstoffen, die Produktion von Abfällen und Emissionen sowie der Flächenverbrauch durch den Menschen dramatisch angewachsen sind – und das in einem Zeitraum von nur einigen Jahrzehnten. Bevölkerung und Weltwirtschaft wachsen scheinbar unaufhaltsam weiter und mit ihnen der Naturverbrauch der Menschheit. Uns wäre sehr geholfen, wenn die globalen Ökosysteme »mitwachsen« würden – aber unser Planet hat nun einmal nur eine bestimmte Größe. Dem Menschen steht daher in der Natur nur ein begrenzter Raum für seine Aktivitäten zur Verfügung, der so genannte »Umweltraum« (vergleiche den Kasten weiter unten). Nutzen wir mehr, als uns zur Verfügung steht, schädigen wir die natürlichen Systeme.

Friedrich Schmidt-Bleek hat schon 1993 darauf hingewiesen, dass Nachhaltigkeit nur erreicht werden kann, wenn der durchschnittliche globale Verbrauch von Materialien aus der Natur, einschließlich Energie, um mindestens die Hälfte reduziert wird. Die Grenzen, die die Natur uns setzt, bezeichnet er als »ökologische Leitplanken«. Die Güter und Dienstleistungen der Natur und der Umgang mit ihnen sind auch die Basis für das Buch *Nutzen wir die Erde richtig? Die Leistungen der Natur und die Arbeit des Menschen* von Friedrich Schmidt-Bleek in dieser Reihe.

Doch im gegenwärtigen Zustand, das führen uns die zunehmenden Umweltprobleme alltäglich vor Augen, nähern wir uns bedenklich der Belastbarkeitsgrenze des globalen Umweltraums. In einigen Bereichen haben wir sie bereits überschritten. Herman Daly, ein berühmter amerikanischer Nachhaltigkeitsforscher, hat diese Entwicklung als Übergang von einer »leeren« zu einer »vollen« Welt beschrieben und schematisch abgebildet (siehe Abb. 3.2).

Im Sinne einer nachhaltigen Entwicklung muss die Menschheit also lernen, innerhalb der von der Natur vorgegebenen Grenzen oder der »ökologischen Leitplanken«, wie Schmidt-Bleek es formuliert, zu wirtschaften und zu leben. Man könnte auch sagen: Wir müssen lernen, von den »Zinsen« des vorhandenen Naturkapitals zu leben, nicht von der Substanz! Dies bedeutet, dass wir die von der Natur bereitgestellten Güter und Dienstleistungen nicht schneller ausbeuten dürfen, als sie sich wieder regenerieren können. Für erneuerbare Ressourcen heißt das, dass der Mensch jedes Jahr nur etwa so viel Holz roden darf, wie in einem Jahr wieder nachwachsen kann, nur so viel Fische fangen darf, wie in den Welt-

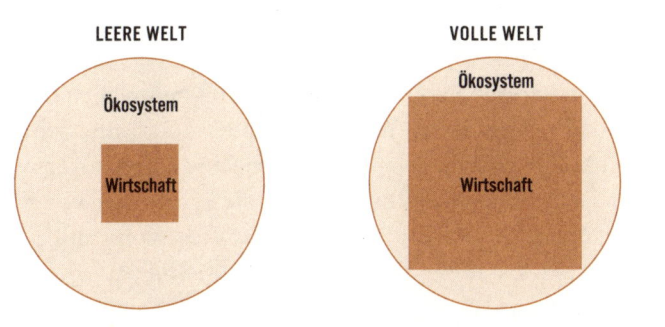

Abb. 3.2 Die leere und die volle Welt.

meeren wieder reproduziert werden etc. Für nicht erneuerbare Ressourcen kann als allgemeine Regel gelten, dass der
Mensch diese nicht schneller nutzen sollte, als es gelingt,
langfristige erneuerbare Alternativen zu diesen Ressourcen
zu entwickeln und einzusetzen. Von den »Zinsen« des Naturkapitals zu leben heißt aber auch, die Produktion von Abfällen
und Schadstoffen so weit zu reduzieren, dass sie die natürlichen Systeme aufnehmen und verarbeiten können. Das betrifft den Ausstoß an klimawirksamen Gasen wie Kohlendioxid genauso wie Haus- und Industriemüll oder Abwasser.

In der Wissenschaft hat sich in den letzten 15 Jahren eine
Diskussion darüber entsponnen, inwieweit Naturkapital
durch von Menschen gewonnenes Kapital (wie etwa Häuser,
Straßen, Maschinen etc.) ersetzt werden kann. Anhänger der
so genannten »schwachen Nachhaltigkeit« vertreten die Auf-
fassung, dass eine Gesellschaft dann zukunftsfähig ist, wenn
ihr Gesamtkapital (also Naturkapital plus von Menschen gemachtes Kapital) über die Zeit nicht abnimmt. Es genügt demnach, verloren gegangenes Naturkapital durch Menschen-
kapital zu ersetzen. Wird etwa ein Wald gerodet, so muss nur
ein Sägewerk mit dem gleichen wirtschaftlichen Wert wie
dem des Waldes errichtet werden, damit die Gesamtbilanz
wieder stimmt.

Die Anhänger dieser »schwachen Nachhaltigkeit« berücksichtigen jedoch nicht, dass man Naturkapital nur sehr beschränkt durch von Menschen gemachtes Kapital ersetzen
kann. Denn in den meisten Fällen ist die Produktion von Men-
schenkapital direkt von der Verfügbarkeit von natürlichen
Ressourcen abhängig. Die »starke Nachhaltigkeit« postuliert
dagegen, dass das Naturkapital nie entscheidend verringert
werden darf, unabhängig von der Menge an von Menschen
gemachtem Kapital. Die Natur ist die Grundlage von Wirt-

schaft und Gesellschaft und kann nicht beliebig eingetauscht werden.

Bleiben wir bei dem Beispiel Sägewerk: Die Holzindustrie kann nur dann Einkommen erwirtschaften, wenn es noch Wälder gibt, die gerodet werden können. Außerdem erfüllt der Wald viele weitere Funktionen, die von der Wirtschaft weder erfasst noch erfüllt werden können – so der Schutz vor Überschwemmungen, die Stabilisierung des Klimas oder der Erhalt der Artenvielfalt in Tier- und Pflanzenwelt.

Auch in der Landwirtschaft wird deutlich, wie fundamental die »starke Nachhaltigkeit« ist, denn die natürliche Fruchtbarkeit der Böden kann durch Kunstdünger nicht unbegrenzt ersetzt werden. Fast ein Viertel der landwirtschaftlich nutzbaren Fläche des Planeten wurde durch den Menschen bereits so stark beansprucht, dass ihre Produktivität dauerhaft zurückgeht. Der Mensch muss also durch die Umstellung auf schonendere Nutzungsformen (wie etwa die biologische Landwirtschaft) dafür sorgen, dass der Verlust von fruchtbaren Böden (die so genannte Bodenerosion) gestoppt wird. Das verlangt, so Klaus Hahlbrock, dass die Landwirtschaft durch verstärkte Berücksichtigung ökologischer Belange sowie durch verbesserte Integration chemischer, mechanischer und biologischer Verfahren der Düngung und des Pflanzenschutzes auf einen wesentlich verbesserten Umweltschutz abgestimmt wird. Wichtige Beiträge dazu werden von der Pflanzenzüchtung erwartet. Wenn dies nicht gelingt, wird in den Entwicklungsländern bald noch größere Knappheit an Nahrungsmitteln herrschen als bisher.

Wie wir die Natur nutzen: Zahlen und Fakten

Welche natürlichen Ressourcen werden in den verschiedenen Ländern der Natur entnommen? Zu ihnen zählen fossile Energieträger (Kohle, Erdöl, Erdgas), metallische Erze, Baustoffe (Schotter, Sand etc.) und Biomasse aus der Land- und Forstwirtschaft sowie der Fischerei. Wenn man diese Daten für alle Länder zusammenzählt, erhält man den Ressourcenverbrauch der gesamten Weltwirtschaft.

Demnach ist die Entnahme an natürlichen Ressourcen in den letzten Jahrzehnten weltweit stark angestiegen. Im Jahr 1980 wurden den globalen Ökosystemen knapp 40 Milliarden Tonnen entnommen. Der weltweite Verbrauch stieg bis zum Jahr 2002 auf fast 53 Milliarden Tonnen – also um nicht weniger als ein Drittel in nur 25 Jahren. Den mengenmäßig größten Anteil daran (etwa 40 Prozent) machen Baumaterialien aus, also Rohstoffe, die wir vor allem für den Bau von neuen Gebäuden und Straßen benötigen. Die größte Wachstumsrate zeigte die Kategorie der metallischen Rohstoffe, vor allem Eisen, Kupfer und Aluminium zur Herstellung von Maschinen, Fahrzeugen und Elektronikprodukten. (Siehe auch die Webseite www.materialflows.net, die Daten zum Ressourcenverbrauch zum Download bereitstellt.)

Mit Hilfe des Konzepts des so genannten ökologischen Fußabdrucks (vergleiche den Kasten »Der ökologische Fußabdruck«) kann man abschätzen, ob der Mensch mit dem derzeitigen Ausmaß seines Ressourcenverbrauchs die ökologische Kapazität der Erde bereits langfristig übernutzt. Und diese Abschätzungen bestätigen, dass die Menschheit bereits heute auf einem Niveau lebt, welches die Regenerationsfähigkeit des Planeten um etwa ein Fünftel übersteigt. Der WWF publiziert gemeinsam mit anderen Organisationen dazu alle zwei Jahre einen Bericht; der neueste erschien im Jahr 2006. Wenn wir also alle unsere Rohstoffe so gewinnen und unseren Energiebedarf so stillen wollen, dass die Ökosysteme des Planeten nicht geschädigt werden, dann bräuchten wir schon jetzt mehr als eine Erde! Oder anders ausgedrückt: Die Menschheit hat bereits begonnen, das auf unserem Planeten verfügbare Naturkapital in seiner Substanz abzubauen, anstatt von seinen »Zinsen« zu leben.

Der ökologische Fußabdruck

Mit Hilfe des ökologischen Fußabdrucks kann verdeutlicht werden, wie viel Land- und Wasserfläche notwendig ist, um die Produktions- und Konsumaktivitäten etwa einer Stadt oder eines Landes dauerhaft aufrechtzuerhalten. Zur Berechnung des ökologischen Fußabdrucks wird der menschliche Konsum in verschiedene Kategorien (wie Ernährung, Wohnen, Transport etc.) eingeteilt und mit Hilfe statistischer Daten auf Flächenbelegungen umgerechnet. So kann zum Beispiel errechnet werden, wie viel Waldfläche benötigt wird, um den jährlichen Papierverbrauch eines Menschen in Form von Holz für die Papierherstellung zu sichern. Der ökologische Fußabdruck berücksichtigt auch, dass Abfälle und Emissionen biologisch produktive Flächen benötigen, um von der Natur wieder aufgenommen werden zu können. Einen großen Anteil machen hier Waldflächen aus, die notwendig sind, um das Kohlendioxid, welches durch die Verbrennung fossiler Energieträger in die Atmosphäre gelangt, wieder in Form von Biomasse zu binden. Mit Hilfe dieses Konzepts kann ferner abgeschätzt werden, wie viel biologisch produktive Land- und

Wasserfläche in einem Land oder auf der Erde insgesamt zur Verfügung stehen. Wenn man den ökologischen Fußabdruck mit der verfügbaren ökologischen Kapazität vergleicht, ist abzulesen, ob die Menschheit noch ökologischen Spielraum für weiteres Wachstum hat oder die natürlichen Systeme schon übernutzt.

Der Ressourcenhunger moderner Großstädte

Moderne Großstädte sind ein gutes Beispiel für die Abhängigkeit menschlicher Aktivitäten von der Natur, denn ohne ständige Versorgung mit Rohstoffen und Energie von außen könnte eine Stadt nicht funktionieren. Jede Stadt benötigt ein natürliches Hinterland: Dieses beginnt an der Stadtgrenze mit dem Anbau von Obst, Gemüse und Getreide oder dem Abbau von Schotter und Kies als Baumaterial für Häuser und Straßen. Und es endet in anderen Kontinenten, in denen etwa Erdöl oder Erdgas zur Energieversorgung gewonnen oder metallische Rohstoffe (wie Eisenerz oder Kupfer) abgebaut werden. Dementsprechend intensiv wird in vielen Gegenden der Welt Landwirtschaft betrieben. Obwohl global gesehen immer weniger Menschen in ländlichen Gegenden leben, wird die Natur in diesen Regionen immer intensiver genutzt, um die natürlichen Ressourcen für die Städte bereitzustellen. Gleichzeitig nimmt der Bergbau in vielen Regionen Lateinamerikas und Afrikas zu. Die so gewonnenen Produkte dienen dann als Rohstoff für höherwertige Produkte wie Autos oder Computer, die schließlich in den Städten gekauft werden. Keine Stadt kann daher für sich allein Nachhaltigkeit erreichen.

Immer mehr Menschen wandern von ländlichen Regionen

in die Städte ab. 2007 wird das erste Jahr in der Menschheitsgeschichte sein, in dem mehr als 50 Prozent der Weltbevölkerung in Städten lebt. Bis zum Jahr 2030 wird dieser Anteil
nach Prognosen der UNO auf zwei Drittel anwachsen; 90 Prozent dieses Wachstums wird in so genannten Entwicklungsländern stattfinden (siehe dazu http://www.unfpa.org/pds/
urbanization.htm). Städte haben daher in Zukunft eine noch
größere Verantwortung als bisher, zu einem schonenderen
Umgang mit der Natur beizutragen. In der globalisierten Welt
werden Städte zunehmend zu Knotenpunkten des Austau-
sches und Verbrauchs von natürlichen Ressourcen. Gleichzeitig werden Großstädte in Bezug auf ihre Versorgung auch
verwundbar, weil sie von der Zulieferung von Energie, Nahrungsmittel oder Wasser aus zum Teil weit entfernten Gebieten abhängig sind.

Betrachten wir als Beispiele die beiden Großstädte Berlin
(berechnet von Schnauss im Jahr 2001) und Hamburg (berechnet von Jancke im Jahr 1999): Als Maßzahl für den Ressourcenverbrauch wird der ökologische Fußabdruck (vgl. den
Kasten »Der ökologische Fußabdruck«) verwendet. Die Ergebnisse der Berechnungen zeigen, dass der ökologische Fußabdruck eines Berliners bei circa 4,4 Hektar pro Jahr liegt. Das
bedeutet, dass zur Bereitstellung aller natürlichen Ressourcen
zur Befriedigung der Konsumbedürfnisse einer in Berlin lebenden Person im Durchschnitt eine Fläche von 4,4 Hektar
pro Jahr erforderlich ist, also mehr als 6 Fußballfelder. Für alle
Einwohner Berlins zusammengenommen würde die Fläche
damit mehr als 15 Millionen Hektar ausmachen. Würde man
um Berlin einen Kreis mit dieser Größe legen, so würden
Städte wie Rostock, Dresden und Braunschweig innerhalb des
Kreises liegen und der Rand des Kreises sogar fast an Hamburg heranreichen! Durch diese Berechnung wird deutlich,

wie groß das ökologische Hinterland einer Großstadt tatsächlich ist. Der ökologische Fußabdruck von Hamburg ist noch deutlich größer, nämlich fast 5,5 Hektar pro Person. Vor allem zwei Gründe machen den Unterschied aus: Erstens ist Berlin viel dichter bebaut; es leben also mehr Menschen auf einem Quadratkilometer Stadtfläche. Dichtere Bebauung und weniger Einfamilienhäuser bedeuten auch weniger Energieverbrauch vor allem für Heizung und Transport und somit einen kleineren Fußabdruck. Der zweite große Unterschied liegt im durchschnittlichen Einkommen: Die Bewohner Hamburgs sind im Durchschnitt deutlich wohlhabender als die Bewohner Berlins. Und mehr Einkommen bedeutet auch höheren Konsum, größere Wohnungen, stärkere Autos, mehr Fernreisen – dies alles lässt den Fußabdruck anwachsen.

Würde man die Fußabdrücke aller deutschen Städte zusammenzählen, würde eine Fläche entstehen, die weit größer wäre als die gesamte Landesfläche Deutschlands. Auch dadurch wird deutlich: Reiche Länder konsumieren einen wichtigen Anteil ihres Umweltraums in anderen Weltregionen.

Reich gegen Arm: die ungleiche Verteilung des Naturverbrauchs

Menschen in verschiedenen Weltregionen mit unterschiedlichen Lebensstilen verbrauchen ganz unterschiedliche Mengen an Natur, um ihre Bedürfnisse zu befriedigen. Das Niveau an Umweltverbrauch wird vor allem dadurch bestimmt, wie reich eine Gesellschaft ist; wer mehr Geld in der Tasche hat, konsumiert letztendlich auch mehr, wie schon die Gegenüberstellung von Hamburg und Berlin zeigte.

Die großen Unterschiede lassen sich anhand des Kohlendioxidausstoßes verdeutlichen. Jeder Erdbewohner gibt im

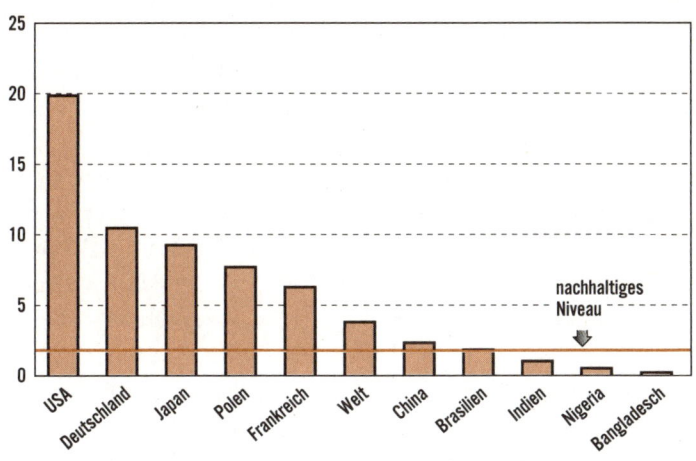

Abb. 3.3 Kohlendioxyd-Emissionen pro Kopf und Jahr in zehn ausgewählten Ländern.

Durchschnitt etwa 4 Tonnen Kohlendioxid pro Jahr an die Atmosphäre ab (siehe Abb. 3.3). Klimaforscher haben berechnet, dass eine Reduktion von weltweit mindestens 50 Prozent erforderlich ist, um den Klimawandel zu stoppen, siehe dazu auch das Buch von Mojib Latif in dieser Reihe. Wenn man das Bevölkerungswachstum mit einrechnet, so kommt man auf ein nachhaltiges Niveau von etwa 1,7 Tonnen Kohlendioxid pro Jahr – das Maximum, das jeder Mensch pro Kopf produzieren dürfte. Betrachtet man die derzeitigen Emissionen in Industrieländern, so wird klar, wie weit wir heute von diesem Ziel entfernt sind: Ein US-Bürger produziert im Schnitt fast 20 Tonnen Kohlendioxid, ein durchschnittlicher Europäer immerhin 8 Tonnen. Dagegen sind die Pro-Kopf-Emissionen in den Entwicklungsländern noch unterhalb dieses Niveaus. Das bedeutet, dass diese Länder ihren Energie-verbrauch und ihre Kohlendioxid-Emissionen noch erhöhen könnten, um den Lebensstandard ihrer Bevölkerung zu verbessern, sofern die reichen Länder ihre Emissionen entsprechend reduzieren.

Betrachtet man andere natürliche Ressourcen, so ergibt sich ein ähnliches Bild: Die Industrienationen übernutzen den globalen Umweltraum und lassen für den Rest der Welt wenig übrig, wobei ein zunehmender Anteil dieses Umweltraums außerhalb der reichen Länder liegt. So verbrauchte 2002 etwa jeder Amerikaner, nach Zahlen des World Ressources Institute, im Durchschnitt 307 Kilogramm Papier und Papierprodukte, ein Deutscher noch 219 Kilogramm. Chinesen lagen mit einem Verbrauch von 34 Kilogramm deutlich unter dem Weltdurchschnitt von 52 Kilogramm – Tendenz allerdings steigend. Und Bewohner der ärmsten Länder, etwa in Afrika, verbrauchten nicht einmal 1 Kilogramm pro Kopf und Jahr. Zwischen den Ärmsten und den Reichsten dieser Welt besteht also ein gewaltiger Unterschied.

Der globale Umweltraum

Das Konzept des Umweltraums basiert auf zwei Prinzipien: Das Umweltprinzip besagt, dass die Erde nur ein beschränktes Ausmaß an Umweltbelastungen aufnehmen kann, bevor die globalen Ökosysteme kippen. Wenn wir den zukünftigen Generationen gleiche Entwicklungschancen wie uns selbst einräumen wollen, ohne die Natur zu übernutzen, dann müssen wir unseren Naturverbrauch deutlich reduzieren. Das zweite Prinzip kann man Gerechtigkeitsprinzip nennen: Jeder Mensch hat prinzipiell das gleiche Recht, die Naturressourcen der Erde zu nutzen.

Verknüpft man diese beiden Prinzipien, so kann man abschätzen, wie viel Ressourcen für jeden Erdbewohner zur Verfügung stehen. Der Umweltraum beschreibt also die Gesamtmenge an Energie, nicht erneuerbaren Rohstoffen, landwirtschaftlicher Fläche, Wald etc., die jeder Mensch nutzen kann, ohne den natürlichen Systemen irreversible Schäden zuzufügen.

Die Umsetzung dieses Konzeptes stellt eine enorme Herausforderung dar, insbesondere für die reichen Industrienationen. Denn sie sind es, die den Großteil des globalen Umweltraums konsumieren und den Verbrauch entsprechend drastisch reduzieren müssen.

Wenn man alle Rohstoffe und Produkte zusammenzählt, die wir in einem Jahr verbrauchen, kann der Gesamtmaterialverbrauch pro Kopf bestimmt werden. Auch hier zeigen sich große Unterschiede zwischen den Einwohnern von Industrie- und Entwicklungsländern, doch das Muster ist das gleiche: Den geringsten Verbrauch weisen die ärmsten Länder in Afrika und Südasien auf. In diesen Regionen liegt der Pro-Kopf-Konsum zum Teil unter 2 Tonnen pro Jahr. Am anderen Ende der Skala stehen Länder in Europa oder die USA mit einem Verbrauch von 15 bis 35 Tonnen pro Jahr. Addiert man die so genanten ökologischen Rucksäcke (vgl. den Kasten »ökologische Rucksäcke«) hinzu, so kommt man für Bewohner von Industrienationen sogar auf Werte zwischen 40 und 80 Tonnen pro Jahr.

Ökologische Rucksäcke

Wenn wir ein Produkt wie ein Kilogramm Rindfleisch oder einen Computer kaufen, dann ist das Gewicht dieser Produkte um ein Vielfaches kleiner als die Gesamtmenge an natürlichen Ressourcen, die im Laufe des Produktionsprozesses notwendig war, um das Produkt zu erzeugen. Ökologische Rucksäcke (siehe Schmidt-Bleek, 2004) machen den Verbrauch an Natur sichtbar, der hinter jedem Produkt oder hinter jeder Dienstleistung steckt.

Ökologische Rucksäcke beinhalten einerseits jene Materialien, die der Natur entnommen werden müssen, um Zugang zu anderen wertvollen Rohstoffen zu erlangen, obwohl sie selbst keinen ökonomischen Wert und somit auch keinen Preis besitzen. Dazu zählt etwa der Abraum (Gestein und Oberboden) bei der Förderung von Kohle oder Erzen. Auch wenn diese Materialien wirtschaftlich nicht genutzt werden, hat der Umgang mit ihnen oft negative Auswirkungen auf die Umwelt, wie zum Beispiel die Auswaschung von säurehaltigen Substanzen aus Abraumhalden ins Grundwasser.

Andererseits verdeutlichen ökologische Rucksäcke die internationalen Verflechtungen der Ressourcenströme. Denn sie umfassen auch all jene Materialien, die im Ausland benötigt wurden, um importierte Produkte zu erzeugen (so genannte materielle Vorleistungen). Hierzu wären etwa die großen Mengen an Futtermittel und der hohe Wasserverbrauch in der Tierzucht zu zählen, deren Fleischprodukte in andere Länder exportiert werden. Oder all jene Rohmaterialien und die Energie, die benötigt wurden, um einen aus Japan oder China importierten Computer zu produzieren. Das Gewicht dieser ökologischen Rucksäcke ist in der Regel um ein Vielfaches höher als jenes des importierten Gutes selbst und spiegelt daher die Belastung der Umwelt im Ausland wider, die durch den heimischen Konsum von Produkten entsteht.

Der globale Ressourcenverbrauch in der Zukunft

Die derzeitige Übernutzung des Planeten wird noch dramatischer, wenn wir bedenken, dass ein großer Teil der Weltbevölkerung nach wie vor in großer materieller Armut lebt. Berücksichtigt man, dass die Wirtschaft vor allem der ärmsten Länder in Zukunft noch weiter wachsen muss, um zumindest die Grundbedürfnisse ihrer Einwohner wie Ernährung, Gesundheit oder Wohnen in einem größeren Ausmaß als bisher sichern zu können, so wird klar, dass das Thema Umweltverbrauch viel mit weltweiter Gerechtigkeit zu tun hat.

Abschätzungen über die Entwicklung des globalen Ressourcenverbrauchs in den nächsten 15 Jahren zeigen, dass der globale Umweltverbrauch dramatisch wachsen wird, wenn wir weiter so schonungslos mit der Natur umgehen wie bisher. So wird etwa prognostiziert, dass die weltweite Entnahme von natürlichen Ressourcen bis zum Jahr 2020 auf über 80 Milliarden Tonnen pro Jahr ansteigen wird. Dies bedeutet noch einmal eine Zunahme von über 50 Prozent gegenüber dem Jahr 2002 oder eine Verdoppelung in nur 40 Jahren. Obwohl es die reichen Industrieländer sind, die mit Abstand den höchsten Verbrauch pro Kopf aufweisen, werden in den nächsten Jahrzehnten andere Weltregionen (vor allem Ostasien, aber auch Lateinamerika) in ihrer Entwicklung rasch aufholen. In Zukunft werden also Länder wie China, Indien oder Brasilien (siehe unten) einen weit größeren Anteil am weltweiten Ressourcenverbrauch aufweisen.

Dieser Anstieg im Umweltverbrauch wird sich in einer dramatischen Zunahme der Emissionen von Treibhausgasen zeigen. So sagen Modellrechnungen voraus, dass der weltweite Ausstoß von Kohlendioxid von derzeit etwa 26 Milliarden Tonnen auf etwa 35 Milliarden Tonnen pro Jahr im Jahr 2020 ansteigen wird – mit allen zu erwartenden negativen Auswirkungen auf das Klima.

Da die Menschheit bereits heute durch ihre Wirtschaftsweise die Natur irreversibel schädigt, ergibt sich ein zentrales Problem vor allem für die Entwicklung der armen Länder: Das Wirtschaftsmodell der Industrieländer beruhte bislang darauf, zuerst Reichtum zu schaffen, um hinterher die Umweltschäden beseitigen zu können. Dieser Entwicklungsweg ist in der heutigen Situation jedoch nicht mehr tragbar. Denn er ist nicht nur sehr teuer, er ignoriert auch die ökologische Begrenztheit des Planeten. In den letzten 300 Jahren nutzten die heutigen Industrienationen die globalen Umweltressourcen in überproportionalem Ausmaß, um ihren Reichtum zu schaffen. Wenn nun auch die Entwicklungsländer diesen Weg einschlagen, ohne dass es zu radikalen Änderungen des Produktionsstils und der Lebensweisen vor allem in den reichen Ländern kommt, wird die Welt unweigerlich auf soziale und umweltbedingte Konflikte zusteuern. Denn hätten alle Menschen der Erde einen Umweltverbrauch wie die Bewohner von Europa, so würde die Menschheit fast drei Erden benötigen, um die notwendigen Rohstoffe und die benötigte Energie bereitstellen zu können.

Angesichts solcher Aussichten gewinnt die effiziente Nutzung von Material, Energie und Fläche immer mehr an Bedeutung. Darauf wollen wir nun genauer eingehen.

Wie effizient nutzen wir natürliche Ressourcen?

Eigentlich könnte die in den letzten Jahrzehnten weltweit zu beobachtende Entwicklung erfreulich sein: Die Wirtschaft nutzt die eingesetzten Rohstoffe und die Energie immer effizienter. Es sind daher relativ gesehen immer weniger Materialien und Energie notwendig, um eine Einheit wirtschaftliche Wertschöpfung (einen Euro oder Dollar) herzustellen. Die Wirtschaft wächst somit schneller als der Ressourcenverbrauch – mit anderen Worten: Das Wachstum der Wirtschaft einerseits und das Wachstum des Ressourcenverbrauchs andererseits wurden »entkoppelt«.

Auf globaler Ebene zeigt sich, dass – im Vergleich zum Jahr 1980 – 2002 weltweit etwa 25 Prozent weniger Rohstoffe notwendig waren, um einen Dollar Wertschöpfung zu erzeugen; die Materialintensität der Weltwirtschaft verringerte sich von etwas mehr als 2 Kilogramm pro US-Dollar 1980 auf etwa 1,5 Kilogramm pro US-Dollar 2002 (siehe dazu den Artikel von Behrens und Giljum). Grund: In immer mehr Ländern werden neue umweltfreundliche Technologien eingesetzt, die Rohstoffe und Energie sparsamer nutzen als noch vor 20 Jahren. Andererseits wird immer mehr wirtschaftlicher Reichtum durch Dienstleistungen (Banken, Versicherungen, Tourismus etc.) geschaffen. Und Dienstleistungen haben in der Regel – zu der es natürlich Ausnahmen gibt: Flugreisen etwa sind mit enormen Umweltleistungen verbunden – einen geringeren Umweltverbrauch als Bergbau, Landwirtschaft und Industrie. Die Weltwirtschaft produziert daher insgesamt immer effizienter.

Dennoch gibt es keinen Grund zur Entwarnung. Denn die steigende Effizienz führt zu keiner Entlastung der globalen Ökosysteme, weil der Mensch gleichzeitig auch immer mehr

Güter herstellt. Verbesserungen in der Effizienz werden durch die immer größeren Produktionsmengen mehr als ausgeglichen. Während die Materialintensität um 25 Prozent sank, wuchs das Bruttoinlandsprodukt (BIP) der Weltwirtschaft zwischen 1980 und 2002 um nicht weniger als 83 Prozent! Daraus resultiert der absolute Anstieg, den wir schon weiter oben beschrieben haben.

Eine ähnliche Entwicklung lässt sich auch in Europa nachweisen, mit dem Unterschied, dass der Ressourcenverbrauch eines Europäers in den letzten 20 Jahren nicht mehr merkbar angewachsen ist, sondern auf einem hohen Niveau stabil blieb. Aber auch in Europa konnte in den letzten 20 Jahren keine Reduktion des Material- und Energieverbrauchs erreicht werden, weil die relativen Effizienzgewinne durch absolute Zuwächse in Produktion und Konsum aufgehoben wurden.

Diese Entwicklung wird auch als Bumerang-Effekt (im Englischen: *rebound effect*) bezeichnet: Verbesserte Material- und Energieeffizienz senkt die Kosten von Produkten, dadurch können diese Produkte billiger angeboten werden. Konsumenten geben dann das durch billigere Produkte ersparte Geld für andere Produkte aus, kaufen mehr von diesen Produkten oder ersetzen diese häufiger. Typische Beispiele aus der jüngsten Vergangenheit sind Computer oder Mobiltelefone.

Die Wirtschaft steht aus Sicht einer nachhaltigen Entwicklung also vor der zentralen Aufgabe, dem Wunsch nach steigendem Wohlstand nachzukommen, ohne dass der Verbrauch an natürlichen Ressourcen weiter wächst. Mehr noch: Das allgemeine Ziel muss sein, die wirtschaftlichen Aktivitäten vom Ressourcenverbrauch völlig abzukoppeln und diesen tatsächlich zu reduzieren. Letztlich entscheidet die absolute

Menge des Ressourcenverbrauchs darüber, ob wir die Öko-systeme unseres Planeten übernutzen oder eine Trendwende in Richtung Nachhaltigkeit schaffen. Mit anderen Worten: Unsere Wirtschaft muss »dematerialisiert« werden. Wie Friedrich Schmidt-Bleek errechnet hat, ist nicht nur eine kleine Verbesserung, sondern eine radikale Dematerialisierung um einen Faktor 10 notwendig, um diese Trendwende zu erreichen.

Die Antriebskräfte der gegenwärtigen Entwicklungen

An dieser Stelle stellt sich eine einfache Frage: Wieso steigt der globale Umweltverbrauch scheinbar unaufhaltsam an, welche Antriebskräfte stecken hinter diesem Trend? Vier Sachverhalte sind dafür verantwortlich:

1. Die Natur besitzt in unserer Wirtschaft zu wenig Wert. Demzufolge spiegeln die Preise für Energie und Rohstoffe nicht die wahren ökologischen Kosten wider. Stellen wir uns eine typische Produktionskette im Zeitalter der Globalisierung vor, nämlich die Herstellung eines Autos. Die Produktions-kette beginnt mit der Entnahme von Rohstoffen aus der Natur, etwa dem Abbau von Eisenerz in Brasilien. Dieses Eisenerz wird an ein Stahlwerk in Südkorea geliefert, das aus dem Eisen Stahl produziert. Der Stahl wird dann von einem japanischen Autohersteller gekauft und zu Karosserien verarbeitet. Schließlich wird das japanische Auto nach Europa exportiert.

Der Wert der einzelnen Bauteile eines Autos steigt in einer solchen Produktionskette laufend an, weil der Mensch durch den Einsatz von Arbeit und Know-how von Arbeitsschritt zu Arbeitsschritt dem Produkt einen immer größeren Mehrwert hinzufügt. Dieser Mehrwert bestimmt letztendlich auch zu einem guten Teil den Preis, den wir für ein Auto beim Händler bezahlen.

Welche Rolle spielen dabei Rohstoffe, Energie und Wasser, also all die natürlichen Ressourcen, die für die Herstellung des Autos nötig waren? Für unseren Umgang mit der Natur ist von entscheidender Bedeutung, dass sich der wirtschaftliche Mehrwert nur auf die Leistungen bezieht, die der Mensch den Produkten hinzufügt. Die Natur selbst, die die Basis für jeden Produktionsprozess darstellt, wird in dieser Kalkulation aber nicht berücksichtigt. Denn Rohstoffe, Energie und Wasser, die wir aus der Natur entnehmen, haben in unserem Wirtschaftssystem für sich genommen keinen Preis.

Auch der Einwand, dass es Rohstoffmärkte gibt, auf denen von Getreide über Schweinefleisch bis zu Erdöl und Gold eine Reihe von Naturgütern zum Teil zu hohen Preisen gehandelt wird, greift nicht. Denn auch hier ergibt sich der Preis für diese Produkte nur aus wirtschaftlichen Faktoren: Wie viel kostet es, das oben erwähnte Eisenerz aus der Erde zu holen? Damit sind nur die Kosten für Maschinen, Arbeiter in den Bergwerken etc. gemeint. Der Preis auf Rohstoffmärkten wird zudem noch von Angebot und Nachfrage bestimmt. Eine hohe Nachfrage bei knappem Angebot bringt einen hohen Preis – gegenwärtig am Beispiel von Erdöl oder Stahl gut zu beobachten.

Unser Wirtschaftssystem beschäftigt sich immer nur mit jenen Werten, welche die Menschen schaffen und der Natur hinzufügen, aber nicht mit dem Wert, den die Leistungen der Natur selbst für uns besitzen (siehe dazu Porritt). Diese Betrachtungsweise ist ein wichtiger Grund für unseren verschwenderischen Umgang mit der Natur.

Dass die derzeitige Berechnung der Wirtschaftsleistung eines Landes den Faktor Natur falsch bewertet, zeigt auch ein anderes Beispiel. Aus Sicht der Wirtschaft ist es durchaus positiv, wenn die Natur zuerst geschädigt wird und die Wirtschaft dann Leistungen aufbringen muss, um den ursprünglichen Zustand möglichst wiederherzustellen. Wenn also ein Tankschiff mit Erdöl in Küstennähe auf Grund läuft und Tausende Tonnen Öl ins Wasser gelangen und an die Strände gespült werden, bringt das für die Wirtschaft einen Wachstumsschub. Denn dann müssen Spezialeinheiten von Umwelttechnikern ausrücken, um das Erdöl im Wasser chemisch zu binden und unschädlich zu machen oder den verseuchten Sand abzugraben und wegzutransportieren. Umweltverschmutzung schafft Nachfrage nach bestimmten Leistungen, und das kurbelt das Wirtschaftswachstum an. Gleichzeitig wird der Verlust, der dem Planeten entsteht, weil Tausende Fische und Vögel an den Folgen des Unglücks sterben, in den wirtschaftlichen Berechnungen nicht berücksichtigt – es sei denn, es handelt sich um Nutztiere.

Die Natur hat keinen oder einen viel zu geringen Preis, um den Herstellern von Produkten und den Konsumenten zu signalisieren, dass wir sorgsamer mit ihr umgehen sollten. Ein zentrales Ziel von Umwelt- und Nachhaltigkeitspolitik muss es also sein, Rahmenbedingungen zu schaffen, welche die Verursacher von Umweltschäden auch entsprechend zur Kasse bitten.

2. Ein ganz zentraler Grund für das ständige Wachstum ist auch die Tatsache, dass es in unserer von Geld und Profit gesteuerten Wirtschaft vor allem um eines geht: Aus einer bestimmten Geldsumme eine höhere Geldsumme zu machen. Dies ist der Hauptgrund, wieso Unternehmen überhaupt produzieren: Um Gewinne zu erwirtschaften. Und auch private Anleger sind ständig auf der Suche nach den höchstmöglichen Renditen für ihre Ersparnisse.

Doch um investieren zu können, müssen Unternehmen in der Regel Kredite aufnehmen, die sie später mit Zinsen wieder zurückzahlen müssen (etwa an Banken oder Investmentfonds). Damit ein Unternehmen erfolgreich wirtschaften kann, genügt es also nicht, durch den Verkauf seiner Produkte (oder Dienstleistungen) alle Kosten der Produktion (etwa den Einsatz von Maschinen und Arbeit) zu decken und einen Gewinn zu erwirtschaften. Es müssen zusätzlich auch noch Einnahmen gewonnen werden, um die Zinsen für die Kredite bezahlen zu können. Und zusätzliche Einnahmen können nur daher kommen, dass mehr Produkte verkauft werden. Der Zins zwingt also Unternehmen, ständig mehr zu produzieren, also zu wachsen.

Die Wirtschaft wächst, und mit ihr auch das verfügbare Geld. Immer größere Summen dieses verfügbaren Geldes werden gespart und als Guthaben angelegt, etwa zur Altersvorsorge. Von 100 Euro verfügbarem Einkommen wurden in Deutschland im Jahr 2005 mehr als 11 Euro gespart. Insgesamt macht diese gesparte Summe für Deutschland heute, so berichtet die Deutsche Postbank, nicht weniger als 155 Milliarden Euro aus! Wenn immer mehr gespart wird, muss es gleichzeitig aber auch immer mehr Schuldner (Unternehmen, private Haushalte oder der Staat) geben, die diesen Überschuss an Geld über Kredite aufnehmen und damit investieren oder konsumieren. Nur so kann der Wirtschafts- und Geldkreislauf geschlossen werden. Und damit schließt sich auch die durch das Geldsystem angetriebene Wachstumsspirale: mehr Wachstum – mehr Geld – mehr Kredite – mehr Zinsverpflichtungen – mehr Produktion und Konsum – mehr Wachstum.

Die Verpflichtungen zur Zahlung von Zinsen haben auch eine wichtige internationale Dimension. Denn bereits seit den

1970er Jahren sind es zunehmend arme Entwicklungsländer, die als Kreditnehmer auftreten und sich bei den reichen Industrienationen verschulden. Die Schulden der Entwicklungsländer wachsen ständig und sind heute bereits in astronomische Höhen geklettert: Nach Berechnungen der Welthungerhilfe basierend auf Zahlen der Weltbank von ca. 1300 Milliarden US-Dollar 1990 auf 2500 Milliarden US-Dollar im Jahr 2004. In vielen Entwicklungsländern übersteigen die Schulden deutlich das gesamte jährliche Volkseinkommen. Zahlreiche Länder, vor allem in Lateinamerika, müssen mehr als ein Viertel ihrer Exporterlöse für den Schuldendienst aufbringen. Und da viele Entwicklungsländer auf den Abbau und Export von Rohstoffen spezialisiert sind (siehe auch weiter unten in diesem Kapitel), führt die steigende Schuldenlast auch direkt zu einer stärkeren Ausbeutung der Natur: mehr Erdölförderung, mehr Bergwerke zum Abbau von metallischen Rohstoffen, schnellere Abholzung von Regenwald zur Gewinnung von Tropenhölzern und zum Anlegen von Feldern und Weiden.

Ein Schuldenerlass vor allem für die ärmsten Länder ist also nicht nur eine ganz wichtige Maßnahme zur Bekämpfung der Armut, sondern kann auch den Druck auf die natürlichen Ressourcen in diesen Ländern verlangsamen und somit zum Schutz der Ökosysteme des Planeten Erde beitragen.

3. Das Niveau des derzeitigen globalen Naturverbrauchs wird wie dargestellt vor allem von den Industrienationen bestimmt, deren Einwohner den mit Abstand höchsten Verbrauch an Energie und Rohstoffen pro Kopf aufweisen. Dies wird sich jedoch ändern. Denn in den nächsten Jahrzehnten werden vor allem aufstrebende Industrienationen in Asien (allen voran China und Indien, aber auch Länder wie Indonesien und Malaysia) und in Lateinamerika (Brasilien, Argenti-

nien, Mexiko) beim Ressourcenverbrauch aufholen und ihn insgesamt in weitere Höhen treiben.

Die genannten Länder haben in den letzten 10 bis 15 Jahren ihre Industrialisierung zum Teil stürmisch vorangetrieben, Wirtschaftswachstumsraten von 6 bis 10 Prozent pro Jahr waren keine Seltenheit – jeder europäische Wirtschaftspolitiker wäre neidisch ob dieser Wirtschaftsdynamik.

Mit dem Wirtschaftswachstum hat sich auch die Nachfrage nach Rohstoffen, Energie und Landfläche stark erhöht. China allein etwa konsumierte im Jahr 2004 bereits 7 Prozent des weltweit geförderten Öls, 30 Prozent des Eisenerzes, 31 Prozent der Kohle, ein Viertel des Aluminiums und 27 Prozent aller Stahlprodukte – mit stark steigender Tendenz (siehe Blume). Folge des wirtschaftlichen Aufschwungs: In allen genannten Ländern entsteht derzeit eine neue Klasse an Konsumenten, welche ihren Lebensstil zunehmend am westlichen Vorbild orientiert – mit allen Produkten, die auch für uns zum alltäglichen Leben gehören: Autos, Fernseher, Waschmaschinen, Notebooks, Mobiltelefone. Der Soziologe Wolfgang Sachs vom Wuppertal Institut prägte für dieses Phänomen den Begriff der »transnationalen Verbraucherklasse« (siehe Wuppertal Institut 2005). Er bringt damit zum Ausdruck, dass der Lebensstil der Oberschichten in Rio de Janeiro, Kapstadt und Peking mehr Gemeinsamkeiten hat, als jener zwischen den verschiedenen Gesellschaftsschichten innerhalb dieser Städte.

Das Wachstum in den neuen Konsumnationen wird in den nächsten Jahrzehnten die Nutzung von erneuerbaren wie nicht erneuerbaren Ressourcen weiter stark steigen lassen. Benötigt werden Schotter, Kies und Zement für Gebäude in rasch wachsenden Städten, fossile Energie (vor allem von Kohle und Erdöl) zur Deckung des Energiebedarfs in Industrien und Haushalten, metallische Rohstoffe für Maschinen und Konsumgüter und Zellulose für den steigenden Bedarf an Papier.

Aber schon jetzt treten die negativen Umweltfolgen so offen zu Tage, dass der chinesische Vize-Umweltminister Pan Yue Alarm schlug. Denn ein Drittel der chinesischen Städte leidet unter starker Luftverschmutzung, auf einem Drittel der chinesischen Landesfläche wachsen die Wüsten, ein Drittel der ländlichen Flüsse und sogar 90 Prozent der Flüsse, die chinesischen Städte durchqueren, sind stark verschmutzt. Umweltprobleme haben in China schon jetzt eine riesige Dimension – auch was die wirtschaftlichen Kosten betrifft. Nach jüngsten Abschätzungen der Weltbank und der Chinesischen Akademie der Wissenschaften beläuft sich der jährliche Umweltschaden auf zumindest 8, vielleicht sogar auf 15 Prozent des chinesischen Bruttosozialprodukts. Dies bedeutet im Klartext: Längerfristig gesehen werden die Umweltschäden und die Ressourcenverluste den wirtschaftlichen Erfolg aufheben. Politiker wie der zitierte chinesische Vize-Umweltminister plädieren inzwischen für eine neue Art des Wachstums, die sich mehr an qualitativen denn an quantitativen Zielen orientiert. Denn China mit seinen 1,3 Milliarden Menschen kann es sich nicht leisten, zuerst reich zu werden und dann die Umweltschäden zu reparieren – also den Weg der Industrieländer zu gehen. Die Umweltschäden würden, so der Minister, die Grundlagen des Wirtschaftens in China zerstört haben, bevor China reich werden könnte.

4. Ein weiterer wichtiger Grund für die Zunahme des globalen Ressourcenverbrauchs ist der internationale Handel von Gütern zwischen den Staaten auf verschiedenen Kontinenten, der sich in den letzten Jahrzehnten dramatisch ausgeweitet hat. Noch nie zuvor wurden so viele Produkte zwischen den

großen Wirtschaftsblöcken Europa, USA und Japan ausge-
tauscht. Aber auch die oben aufgezählten Aufsteiger in Asien
und Lateinamerika werden zunehmend in das weltweite Han-
delsnetz eingesponnen. Hauptgründe für diese Entwicklung
sind einerseits die Senkung von Zöllen und der Abbau von
Handelsbarrieren, welche vor allem von der Welthandelsor-
ganisation (WTO) mit dem Ziel durchgesetzt wurden, den
Austausch von Gütern zu erleichtern. Andererseits sind
Transporte von Rohstoffen und Gütern quer über den Globus
nur deshalb wirtschaftlich rentabel, weil fossile Energieträger,
allen voran Erdöl, im Vergleich zu anderen Faktoren wie etwa
Arbeit nach wie vor sehr billig sind. Grund: Die Folgekosten
des Verbrauchs fossiler Energie, der Naturverbrauch, sind
nicht im Preis des Erdöls berücksichtigt. Diese Situation
führte dazu, dass der Welthandel in den letzten 50 Jahren fast
explosionsartig anstieg – die Welt wird zum Supermarkt.
Rechnet man den Wert der Exporte aller Länder zusammen –
die WTO publiziert jährlich Statistiken zum internationalen
Handel –, so wuchs der Welthandel in diesem Zeitraum um
nicht weniger als das Neunzigfache! Kein Wunder, dass die
Globalisierung die Gemüter spaltet.

Befürworter der weiteren Intensivierung des internationalen Handels wie WTO oder Weltbank argumentieren, dass
mehr Handel zu mehr Wirtschaftswachstum führe. Dies habe
positive wirtschaftliche Auswirkungen wie die Steigerung der
Effizienz und die Senkung der Produktionskosten in Unternehmen. Denn in einer globalisierten Welt kann ein Unternehmen dort produzieren, wo es am billigsten ist und die
größten Gewinne eingefahren werden können. Obwohl diese
Politik großen Unternehmen klare Vorteile bringt, erhöht sie
den Druck auf die Staaten Europas, soziale Errungenschaften
(wie eine Beschränkung der Arbeitszeit auf weniger als 40

Stunden) und Umweltstandards (wie strenge Bestimmungen bei Luftemissionen) abzubauen. Denn dies, so wird argumentiert, sei die einzige Strategie, um weiter international wettbewerbsfähig bleiben zu können und eine noch stärkere Abwanderung von Unternehmen in Länder mit billigen Löhnen, schlechten Arbeitsbedingungen und weniger Umweltvorschriften zu verhindern.

Ein weiteres Argument der Befürworter: Mehr Handel führe auch zu einer Verbesserung der Umweltsituation. Denn nur ein höheres Wachstum könne nationalen Regierungen die Möglichkeit eröffnen, höhere Steuern zu erheben und somit auch mehr für den Umweltschutz auszugeben. Darüber hinaus würden Entwicklungsländer durch das Wirtschaftswachstum auch ihre wirtschaftliche Struktur verändern. Sie würden nicht mehr primär als Rohstofflieferant und verlängerte Werkbank der Industrieländer dienen, sondern ihre Wirtschaft hin zu umweltverträglicheren Dienstleistungen verändern, wie sie schon heute in den reichen Ländern etabliert sind.

Die Kritiker einer weiteren Intensivierung des internationalen Handels halten diesen Argumenten entgegen, dass gerade der stetig wachsende Handel auf dem Weltmarkt zu einer immer intensiveren Nutzung der Naturressourcen führt. Aus dieser Perspektive ist der Welthandel nicht eine Lösung, sondern eine der Hauptursachen für den steigenden Ressourcenverbrauch und die voranschreitende Umweltverschmutzung auf globaler Ebene. Denn der technologische Fortschritt erlaubt es der Menschheit heute, auch die schwieriger zugänglichen Ressourcenlager immer schneller und zu immer geringeren Kosten auszubeuten. Hinzu kommen Faktoren wie schnellere Geldtransfers, zuverlässigere internationale Rechtsabkommen, bessere Kommunikationssysteme und höhere Transportkapazitäten; all das beschleunigt die Entwicklung des internationalen Handels.

Gleichzeitig werden die sozialen Spannungen, die mit dieser dynamischen Entwicklung einhergehen, immer sichtbarer. Denn die beschriebene Einbindung von immer mehr Ländern in die internationale Wirtschaft führt nicht zu gleichmäßig verteiltem Fortschritt in allen Landesteilen. Vielmehr verstärkt die Globalisierung die Gegensätze zwischen verschiedenen Regionen; manche Städte wie Shanghai oder Bombay boomen, während gleichzeitig die Bevölkerung auf dem Land arm bleibt oder sogar noch weiter verarmt.

Aus Sicht der ökologischen Nachhaltigkeit ist ein weiterer Punkt von zentraler Bedeutung: Im Zeitalter globaler Märkte kann sich jeder Konsument, der über das entsprechende Einkommen verfügt, seinen Naturkonsum aus der ganzen Welt zusammenkaufen: Bananen aus Costa Rica, Äpfel aus Chile, Ananas aus Südafrika, Wein aus Australien, einen Laptop aus Taiwan und das neue Auto aus Südkorea. Jede lokale Naturressource trifft durch die Globalisierung auf die größtmögliche Nachfrage, nämlich die auf den Weltmärkten der transnationalen Produzenten und Konsumenten. Historisch gewachsene regionale Einschränkungen des materiellen Konsums gehen in unserer heutigen Welt immer mehr verloren. Die Konsequenz ist, dass immer mehr Länder natürliche Ressourcen in einer Menge beanspruchen, die die im eigenen Land verfügbare ökologische Kapazität weit übersteigt. Sie häufen so genannte »ökologische Defizite« an.

Wenn ein Land in einer Situation eines ökologischen Defizits wirtschaftet, bedeutet das nichts anderes, als dass es entweder auf Kosten zukünftiger Generationen lebt, weil es die natürlichen Ressourcen als Basis der Gesellschaft zerstört, oder dass es auf Kosten anderer Länder lebt. Die Globalisierung führt auch zu einer Neuverteilung von Umweltkonsum auf der einen Seite und den negativen Auswirkungen für Umwelt und Menschen auf der anderen Seite.

Globale Ressourcengerechtigkeit

Die Neuverteilung der Umweltbelastungen

Durch die zunehmende Verflechtung der Weltwirtschaft muss das Thema Ressourcenverfügbarkeit und -gerechtigkeit auf globaler Ebene betrachtet werden. Die Ressourcenbasis vieler Industrieländer verlagerte sich in den letzten 20 Jahren verstärkt in andere Weltregionen. Der Abbau von Rohstoffen im eigenen Land wurde reduziert und in immer größerem Ausmaß durch Importe aus anderen Weltregionen ersetzt. Dadurch erhöht sich die Abhängigkeit vieler Industrieländer von ausländischen Versorgern, insbesondere im Bereich der fossilen Energieträger und der metallischen Rohstoffe.

So lässt sich in den Ländern der Europäischen Union seit den 1990er Jahren der Trend feststellen, dass vor allem mit dem Abbau von Kohle und mineralischen Rohstoffen verbundene Materialbewegungen deutlich zurückgingen. Im selben Zeitraum erhöhten sich aber die ökologischen Rucksäcke der Importe. Es findet also eine zunehmende Auslagerung von Umweltbelastungen in andere Weltregionen statt, welche mit dem Abbau und der Verarbeitung von Rohstoffen einhergehen (siehe Schütz et al.). So kann Europa dank des internationalen Handelssystems die Umweltqualität innerhalb der eigenen Grenzen verbessern und gleichzeitig die durch unsere Konsumgewohnheiten bedingten Umweltbelastungen in andere Weltregionen verlagern.

Industrieregionen wie Europa können aber nur dann immer mehr natürliche Ressourcen importieren und verbrauchen, wenn andere Regionen zunehmend als Ressourcenlieferanten dienen. In der Tat haben sich viele so genannte Entwicklungsländer in den letzten 20 Jahren stärker als je zuvor auf den Abbau und Export von Rohstoffen und umweltintensiven Produkten spezialisiert. Soja und Eisenerz aus Brasilien, Kupfer und Gold aus Chile und Peru, Bananen aus Ecuador und den Philippinen, Erdöl aus Nigeria und Venezuela – die Liste ließe sich lange fortsetzen. Der verstärkte Rohstoffabbau verursacht in diesen Regionen steigende Umweltprobleme, wie die Zerstörung fruchtbaren Bodens durch den Bergbau, die Abholzung von Regenwald zur Einrichtung von Plantagen und Weideflächen oder die Verschmutzung von Wasser und Luft, worunter vor allem die lokal ansässige Bevölkerung leidet. Die Art, wie arme Länder in den Weltmarkt integriert werden, führt also auf globaler Ebene zu einer Neuverteilung der Umweltbelastungen. Die Übernutzung der Ressourcen durch Europa und andere Industrieregionen ist direkt mit Themen wie Armut und Gerechtigkeit verbunden.

Die Aufteilung zwischen Weltregionen, die Rohstoffe abbauen, anderen, die sie weiterverarbeiten, und Regionen, die die fertigen Produkte konsumieren, hat wichtige Folgen für die Verteilung von Wirtschaftserfolg und Wohlstand. Denn den reichen Ländern gelingt es, sich auf den Weltmärkten geschickt zu positionieren: Relativ billige Rohstoffe (zum Beispiel Stahl) werden mehrheitlich aus armen Weltregionen oder Schwellenländern importiert, in Europa weiterverarbeitet (zum Beispiel zu einer Maschine) und schließlich mit einem weit höheren wirtschaftlichen Wert wieder exportiert. Die Gewinne aus dem internationalen Austausch von Gütern konzentrieren sich so vor allem in den reichen Ländern.

In diesem System geraten die Entwicklungsländer in eine wirtschaftliche Falle: Sie sind immer stärker vom Export einiger weniger Produkte (vor allem Rohstoffe, wie Kaffee, Soja, Metalle etc.) abhängig. Gleichzeitig sind die Preise für den Verkauf dieser Produkte seit den 1950er Jahren bis zum Ende des vorigen Jahrhunderts stark gefallen. Auf diese Weise konnten viele dieser Länder ihre Einnahmen nur auf gleichem Niveau halten, in dem sie immer größere Mengen exportierten – mit all den negativen Umweltfolgen, die eine verstärkte Ausbeutung der Natur mit sich bringt. Jedoch muss hier auch erwähnt werden, dass sich vor allem aufgrund des dramatisch erhöhten Ressourcenverbrauchs rasch wachsender Schwellenländer wie China und Indien der Trend fallender Rohstoffpreise in den letzten Jahren gewendet hat. Einerseits verbessert diese Entwicklung zumindest kurzfristig die wirtschaftliche Situation von Ländern, die viele Rohstoffe exportieren. Andererseits verschlechtert sich jedoch gleichzeitig die Lage von armen Entwicklungsländern, die zum Beispiel auf den Import von Nahrungsmitteln angewiesen sind.

Man könnte also sagen, dass Globalisierung eine Polarisierung der Welt fördert: Einerseits eine positive Entwicklung der »Veredelungswirtschaften«, vor allem in den Industrieländern und den wirtschaftlich erfolgreichen Regionen innerhalb der Entwicklungsländer, die von der Globalisierung profitieren; andererseits eine negative Entwicklung in »Verelendungswirtschaften« in den armen und ärmsten Ländern der Welt, die als Verlierer aus der Globalisierung hervorgehen.

Weniger Verbrauch und gerechtere Verteilung

Eine nachhaltige Entwicklung in einem begrenzten Umweltraum kann nach dem bisher Dargestellten nur erreicht werden, wenn zwei Bedingungen erfüllt sind. Erstens: Die
Menschheit muss innerhalb der ökologischen Kapazität der
Erde leben, um zu vermeiden, dass sich die globalen Umwelt-
probleme weiter verschärfen und wir unseren Kindern und
Enkeln eine stark beschädigte Natur zurücklassen. Da wir die
ökologische Kapazität zumindest in manchen Bereichen bereits überschritten haben, bedeutet dies eine Reduktion des
Naturverbrauchs (Kontraktion), die vor allem die wohlhaben-
den Teile der Weltbevölkerung zu leisten haben. Zweitens:
Die natürlichen Ressourcen müssen gerechter zwischen den
Bewohnern verschiedener Weltregionen verteilt werden.
Denn eine Welt, in der die eine Hälfte der Bevölkerung im
Übermaß konsumiert, während die andere (ver)hungert, kann
nicht nachhaltig sein. Ebenso wichtig: Länder und Regionen
müssen sich insgesamt in ihrem Verbrauchsniveau angleichen
(Konvergenz) – auf einem Niveau, das innerhalb der ökologischen Kapazität der Biosphäre liegt. Das Modell von Kontraktion und Konvergenz verbindet Ökologie und Gerechtigkeit
(siehe Abb. 3.4).

Aus diesem Ansatz ergeben sich für Industrieländer und
Entwicklungsländer zwei unterschiedliche Entwicklungspfade
für die Zukunft.

Die Industrieländer als Hochverbrauchsländer müssen
ihren Verbrauch reduzieren und sich aus der Übernutzung des
globalen Umweltraums zurückziehen. Erst dadurch werden
die ökologischen Freiräume für Entwicklungsländer geschaffen, ihren materiellen Wohlstand zu erhöhen. Dieser Aufstieg
kann jedoch nicht in einem permanenten Wachstum des Na-

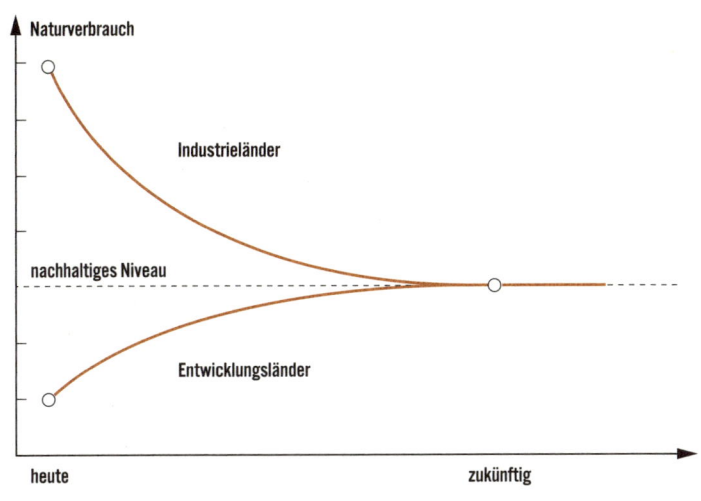

Abb. 3.4 Kontraktion und Konvergenz.

turverbrauchs münden; er muss sich nach einer gewissen Zeit mit jenem der Industrieländer auf einem nachhaltigen Niveau treffen.

Gleichzeitig müssen Entwicklungsländer ihre Anstrengungen für eine Verlangsamung des Bevölkerungswachstums erhöhen, wie wir in Kapitel 1 festgestellt haben. Denn Pro-Kopf-Einsparungen helfen nichts, wenn die Anzahl der Menschen weiter so stark zunimmt wie in den letzten Jahrzehnten.

Doch ein wichtiger Schlüssel zur Nachhaltigkeit ist für Industrie- wie Entwicklungsländer gleichermaßen Ressourcenproduktivität. Dabei geht es, wie Friedrich Schmidt-Bleek in seinem Buch *Nutzen wir die Erde richtig?* sehr anschaulich darstellt, um nicht weniger als eine neue Industrielle Revolution, die sich radikal an einer dramatischen Erhöhung der Ressourcenproduktivität orientieren muss.

Wie eine solche Wirtschaft der Zukunft aussehen könnte, ist Thema von Kapitel 4.

4. Visionen einer nachhaltigen Zukunft

Wir haben in den bisherigen Kapiteln dargestellt, vor welchen Herausforderungen die Gesellschaften der Welt stehen. Sie müssen in »Nord« und »Süd« auf unterschiedliche Weise bewältigt werden, das übergeordnete Ziel aber ist eine nachhaltige und gerechte Entwicklung, die das Naturkapital verantwortlich nutzt und die Kluft zwischen »Arm« und »Reich« schließt. Für diese nachhaltige Entwicklung ist es erforderlich, den Ressourcenverbrauch vor allem in den Zentren der globalen Verbraucherklasse (Nordamerika, Europa, Japan) deutlich zu reduzieren, um den ärmeren Teilen der Welt die Möglichkeit zu geben, aufzuholen, ohne die Natur zu »übernutzen«. Es geht um eine gerechtere Verteilung bei der Ressourcennutzung.

An den Anfang dieses Kapitels möchten wir daher eine Vision stellen. Eine Vision ist ein Idealbild von der Zukunft – in Deutschland, in Europa, in der ganzen Welt. Jedes Unternehmen, jede Person braucht eine Vision und daraus abgeleitete Ziele, um erfolgreich wirtschaften, um zufrieden leben zu können.

Unsere Vision ist ein fortwährender, anpassungsfähiger gesellschaftlicher Prozess, der die Welt auf den Pfad einer nachhaltigen Entwicklung führt. Bedeutet das nicht den Verzicht auf vieles, was uns im Leben lieb und teuer ist? Müssen wir nicht wählen zwischen weniger Wohlstand und einer naturverträglichen Wirtschaft oder Wirtschaftswachstum und den damit verbundenen Zerstörungen auf unserem Planeten? In unserer Vision werden wir die globalen Umweltveränderungen drastisch verlangsamen, ohne auf ein gutes Leben zu verzichten, und gleichzeitig den Wohlstand gerechter verteilen.

Die Vision beruht auf zwei Säulen: *Effizienz* und *Suffizienz*. Zum einen ist es möglich, praktisch alle Güter und Dienstleistungen, die unser Leben angenehm machen, mit einem deutlich geringeren Verbrauch von Material, Energie und Fläche zu produzieren und so die ökologischen Fußabdrücke und Rucksäcke nennenswert zu reduzieren. Dies ist die Säule der gesteigerten *ökologischen Effizienz*. Zum anderen wird immer deutlicher, dass die Anhäufung materiellen Reichtums für die, die schon ein gewisses Wohlstandsniveau erreicht haben, immer weniger zu einem guten Leben beiträgt. Es stellt sich die Frage, ob wir nicht auf weiteres Wachstum unserer Güterversorgung verzichten und dennoch immer besser leben können. Diese Säule ist die *Suffizienz*strategie. Beide Strategien ergänzen einander und verschmelzen letztlich zu *einer* nachhaltigen Entwicklung.

Die Effizienzstrategie

Welche Rolle spielt die Wirtschaft für eine nachhaltige Zukunft? Einerseits ist es die Produktion von Gütern und Dienstleistungen und deren Konsum, die für die globalen Umweltveränderungen verantwortlich ist. Andererseits ist es aber auch die Wirtschaft, die unseren Wohlstand produziert. Die Wirtschaft, das leuchtet unmittelbar ein, ist der zentrale Ansatzpunkt für die Effizienzstrategie.

Die Natur bezahlt für jedes von Menschenhand produzierte

Gut, weil bei seiner Erzeugung, Benutzung und Entsorgung natürliche Ressourcen verbraucht werden. Auch die moderne Dienstleistungsgesellschaft ist durch vielfältige und komplizierte Techniken, deren Zusammenwirken rund um die Uhr fehlerfrei funktionieren muss, gekennzeichnet. Das trifft für eine Bahnfahrt ebenso zu wie für das Abheben von Geld mit Hilfe eines Bankautomaten oder für das Vorlesen einer Gutenachtgeschichte am Bett des Enkels.

Grundsätzlich gilt: Je geringer der Input an natürlichen Ressourcen, desto ökointelligenter funktioniert eine Gesellschaft. Materiell nachhaltig kann sie aber erst dann operieren, wenn von der gegenwärtig extrem materialintensiven Lebensgestaltung in der industrialisierten Welt Abschied genommen wird. Ohne eine dramatische Erhöhung der Ressourcenproduktivität kann nachhaltiges Wirtschaften und Wirtschaftswachstum nicht erreicht werden. Das Prinzip der »Ökoeffizienz« muss der Maßstab unseres Wirtschaftens werden.

Es geht darum, unsere Wünsche, unseren »Bedarf« in Zukunft ökointelligent zu befriedigen. Das beginnt schon bei der möglichst genauen Definition dessen, was wir wirklich wollen und brauchen (das ist unter anderem das Thema des deutschamerikanischen Philosophen Fritjhof Bergmann). Als zweiter Schritt folgt die Suche nach Wegen, wie der Bedarf technisch so erfüllt werden kann, dass so wenig wie möglich an natürlichen Ressourcen verbraucht wird: an Material, an Energie und an Flächenbelegung – und zwar von der »Wiege bis zur Bahre« (siehe den Kasten »Ökoeffizienz«). Dass hierbei die für Konstruktionen üblichen technischen, physikalischen und chemischen Bedingungen beachtet werden und auch auf bewährte Technologien und Fertigungsverfahren zurückgegriffen wird, versteht sich von selbst.

Ökoeffizienz – von der Wiege bis zur Bahre

Der Begriff »Ökoeffizienz« wurde vor etwa 15 Jahren geprägt, um Möglichkeiten für die Wirtschaft aufzuzeigen, mit weniger Input mehr Wertschöpfung zu produzieren. Der Schweizer Unternehmer Stephan Schmidheiny, Gründer des »World Business Council for Sustainable Development«, machte ihn in seinem Buch »Changing Course«, das zur Uno-Konferenz über Umwelt und Entwicklung von Rio 1992 erschien, populär. Einige Jahre später brachte Ernst Ulrich von Weizsäcker mit seinem Buchtitel *Faktor 4 – doppelter Wohlstand, halbierter Ressourcenverbrauch* den Begriff »Ökoeffizienz« auf eine einfache Formel.

Friedrich Schmidt-Bleek weist in seinen Büchern immer wieder darauf hin, dass die Betrachtung des Ressourcenverbrauchs »systemweit« erfolgen muss, um korrekte Ökoeffizienz-Zahlen zu ermitteln: Nicht nur der Gebrauch von Produkten (etwa der Treibstoffverbrauch eines Autos) ist dabei zu betrachten, sondern alles, was an Natur von der Gewinnung der für das Produkt benötigten Ressourcen bis zur endgültigen und umweltgerechten Entsorgung (also »von der Wiege bis zur Bahre« des betrachteten Produkts) aufgewendet wird. Die Summe dieses »Materialinputs« sollte möglichst intensiv genutzt, also auf möglichst viele Nutzungen verteilt werden, so Schmidt-Bleek. Die »Materialintensität pro Dienstleistungseinheit« (kurz: MIPS) muss so gering wie möglich gehalten werden.

Um ökoeffizient zu produzieren, bedarf es vielfältiger technischer und gesellschaftlicher Innovationen. Wir benötigen im Hinblick auf den Ressourceneinsatz eine bessere Ressourceneffizienz beim Einsatz heutiger Technologien sowie neue

Konsumgüter und neue Produktionsverfahren. Die Ökonomen sprechen von Produkt- und Prozessinnovationen.

Wenn von Rationalisierung die Rede ist, denken Unternehmen meist an die Reduktion der Personalkosten. Die oft erheblichen Kosten für die im Produktionsprozess eingesetzten Materialien bleiben dagegen meist unbeachtet. Die effizientere Nutzung der heute eingesetzten Technologien ist jedoch vergleichsweise einfach zu erreichen. Die Controller in den Unternehmen richten ihre Aufmerksamkeit vor allem auf den Faktor Arbeit, weil in der Vergangenheit der Lohnsatz ständig gestiegen ist, während die Preise der Rohstoffe zwar heftigen Schwankungen ausgesetzt waren, aber keinem Trend gefolgt sind. Häufig fehlt deshalb schlicht die Kenntnis von Alternativen zum konventionellen Produktionsprozess, die Ressourcen sparen.

Unternehmensberater berichten, dass allein durch eine entsprechende technische Beratung in den Unternehmen des verarbeitenden Gewerbes circa 20 Prozent der Materialkosten eingespart werden könnten (siehe Fischer et al. 2004). In einer Studie für die Aachener Stiftung Kathy Beys wurde belegt, dass man beträchtliche Effekte erzielen könnte, wenn es gelänge, im Laufe von zwölf Jahren alle Unternehmen des verarbeitenden Gewerbes in Deutschland durch ein entsprechendes Informationsprogramm zu erreichen. Es liegt auf der Hand, dass bei sinkendem Materialverbrauch auch ein ökonomischer Erfolg winkt: Die Kosten für Beratung und Information fallen nur einmal an, während die Produktion dauerhaft effizienter im Hinblick auf den Materialverbrauch wird. Das Bruttoinlandsprodukt würde während der Durchführung des Informationsprogramms um etwa 1 Prozent zusätzlich pro Jahr ansteigen. Dennoch würden Ressourcenverbrauch und Wirtschaftswachstum entkoppelt, der Ressourcenverbrauch bliebe auf dem heutigen Niveau. Die Zahl der Beschäftigten würde um circa 1 Million steigen, der Staat würde seine Budgetprobleme dauerhaft lösen können. Eine ausführliche Darstellung dieser und ähnlicher Studien findet sich in dem von der Aachener Stiftung Kathy Beys herausgegebenen Band.

Die IHK Hannover ermittelte etwa, dass Materialien heute 40 Prozent der betrieblichen Kosten im produzierenden Gewerbe verursachen – im Vergleich zu 23 Prozent an Personalaufwand (Abb. 4.1). Ein Grund für die Fehleinschätzung der tatsächlichen Kostenanteile ist oft das betriebliche Rechnungswesen, in dem Personalkosten auf diversen Konten separat erfasst werden, während Materialkosten meist auf einem Sammelkonto in einer Summe ohne Differenzierung der einzelnen Materialgruppen gebucht werden. Der tatsächliche Verbrauch der einzelnen Materialien und ihre exakte Umlage auf die produzierten Produkte ist damit unmöglich. Darauf hat jüngst auch die International Federation of Accountants hingewiesen, der weltweite Dachverband der Steu-

KOSTENSTRUKTUR VERARBEITENDES GEWERBE

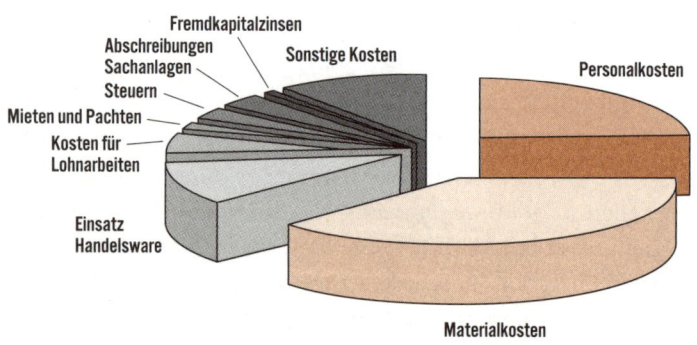

Abb. 4.1 Kostenstruktur des produzierenden Gewerbes.

erberater, Wirtschaftsprüfer, aber auch der Verantwortlichen
für Rechnungswesens und Controlling in Unternehmen. In
der neuen IFAC-Leitlinie für Umweltrechnungswesen werden
die Verluste der eingesetzten Materialien explizit für die Umweltkostenrechnung erfasst (vgl. Jasch / Savage 2005).

Tatsächlich erkennen auch immer mehr Unternehmen die
Vorteile des Ressourcensparens: Erhöhte Effizienz im Einsatz
der verwendeten Rohstoffe, Betriebsstoffe und Vorprodukte
lässt Unternehmen, Kunden und Umwelt profitieren. Die
Kosten werden gesenkt, die Wettbewerbsfähigkeit wird erhöht und der sinkende Rohstoffeinsatz sowie die geringeren
Abfallmengen entlasten die Natur.

Die Technik kann einen wichtigen Beitrag zu diesem Ziel
leisten, weil neue Technologien die Erhöhung der Ressourcenproduktivität möglich machen. Unternehmen können an mehreren Stellen ansetzen, um ihre Materialeffizienz zu steigern:

- In der Gestaltung der Produkte (das Design kleinerer, lang-
lebigerer und vielfältig verwendbarer Produkte)
- im Management der Prozesse, indem beispielsweise syste-
matisch die erforderlichen Ressourcenverbräuche kontrolliert werden
- durch Serviceorientierung statt Produktorientierung (vgl.
dazu die folgenden Beispiele).

Zwei Beispiele sollen zeigen, was wünschenswert wäre: Wenn
es gelänge, Textilien in Zukunft so herzustellen, dass sie kaum
noch gesäubert werden müssen, weil sie keine Verschmutzung und Gerüche aufnehmen, könnten riesige Mengen an
Wasser, Lösungs- und Waschmittel eingespart werden.
Ebenso würde im Bereich der Informationstechnologie die Innovation von Chips mit hoher Ressourcenproduktivität große
Einsparpotenziale eröffnen.

Systemische Überlegungen müssen dabei helfen, wirklich innovative Lösungen zu finden. So sagt es noch nichts über die Ökoeffizienz aus, wenn ein Auto als »3-Liter-Auto« angeboten wird, denn es kann sein, dass der Naturverbrauch pro Personenkilometer (von der Erzeugung über die Nutzung bis hin zur umweltgerechten Entsorgung) höher ist als der eines Konkurrenzproduktes, welches möglicherweise 5 Liter Treibstoff pro 100 Kilometer verbrennt. Und der Ersatz einer noch funktionierenden Waschmaschine durch eine neue mit weniger Stromverbrauch kann sich als ökologische Fehlentscheidung herausstellen, wenn zur Herstellung der neuen Waschmaschine mehr Energie und Rohstoffe verbraucht werden, als die alte Waschmaschine für ihren »Lebenszyklus« benötigt.

Beispiele für materialeffiziente Produktion

Die folgenden Beispiele sollen zeigen, wie Unternehmen das Prinzip erhöhter Ressourcenproduktivität erfolgreich in die Praxis umgesetzt haben (mehr Beispiele beschreibt Friedrich Schmidt-Bleek in dieser Reihe in *Nutzen wir die Erde richtig?*).

Kühlen mit der Hitze der Sonne
Dieser scheinbare Widerspruch ist seit der Erfindung von Solarkollektoren eine Herausforderung für Erfinder und Ingenieure. Die Solitem GmbH hat die Probleme gelöst und entwickelt Energieversorgungssysteme zur Klimatisierung von Gebäuden mit Hilfe einer von Solarenergie betriebenen Absorptionskälteanlage. Dadurch werden Schadstoffemissionen gesenkt und große Mengen an Energie gespart (http://www.solitem.de/).

Faktor 100 in der Papierindustrie

Durch Prozessinnovationen konnte die industrielle Produktion von Papier spürbar dematerialisiert werden. Um die Jahrhundertwende waren etwa 500 bis 1000 Liter Wasser nötig, um ein Kilogramm Papier zu produzieren. Heute sind es nur noch 6 bis 12 Liter, die in deutschen Papierfabriken pro Kilogramm Papier eingesetzt werden. Die betriebsinternen Wasserkreisläufe wurden geschlossen; das Wasser durchläuft heute bis zu zehnmal den Produktionsprozess – natürlich jedes Mal sorgfältig gereinigt. Auch der Energieverbrauch pro Kilogramm Papier oder Karton ist dramatisch gesunken: Um rund 67 Prozent seit dem Jahr 1955. Der nach wie vor steigende Papierverbrauch unserer Gesellschaft zeigt aber auch, dass an Produkt- und Prozessinnovationen nicht Halt gemacht werden darf und weiter gehende Maßnahmen über die reine Produktentwicklung und Prozessgestaltung hinaus angedacht werden müssen. Die Vorstellung von einem in Zukunft »papierlosen Büro« gehört zweifelsohne zu den gravierendsten Fehlprognosen des ausgehenden 20. Jahrhunderts.

Abgesehen von der höheren Materialeffizienz in der Produktion und der Verwendung einzelner Produkte kann auch eine erhöhte Dienstleistungsorientierung den Ressourcenverbrauch senken. Eine zentrale Einsicht auf dem Weg zu höherer Ressourcenproduktivität ist, dass unsere Lebensqualität primär vom Nutzen der Produkte abhängt und nicht von deren Besitz. In vielen Fällen richten sich die Bedürfnisse der Konsumenten und Konsumentinnen nicht auf die Produkte selbst, sondern auf ihre Verwendung, also auf die Dienstleistung, die durch das Produkt erbracht wird. Wir müssen uns fragen, ob es wirklich notwendig ist, ein Auto, einen Computer oder eine Bohrmaschine selbst zu besitzen oder ob es nicht andere Möglichkeiten gäbe, sich dieser Gegenstände nur dann zu »bedienen«, wenn man sie tatsächlich benötigt. Dieser Ansatz eröffnet weitere Einsparungspotenziale im Materialverbrauch.

Nutzen statt kaufen – am Beispiel Car Sharing
Warum muss man etwas besitzen, was man nur selten nutzt, während es die meiste Zeit herumsteht, Platz belegt und Kosten verursacht? Viele Menschen bewegen ihren Wagen nicht täglich. Ein Zusammenschluss mit anderen und eine gemeinsame Produktnutzung durch *car sharing* erhöht die Auslastung und spart vor allem Kosten und Nerven bei Ankauf und Instandhaltung. Ähnliches gilt auch für Bau- und landwirtschaftliche Maschinen.

Wärme statt Heizung – Beispiel Energie-Contracting
Auch der Begriff »Contracting« beinhaltet, Nutzen einzukaufen, statt Produkte zu besitzen. Beispiel: Ein Unternehmen schafft sich eine wichtige Anlage (z. B. für Heizung und Kühlung, aber auch eine Fertigungsmaschine) nicht selbst an und besitzt und betreibt sie, sondern ein Contractor errichtet und wartet die Anlage und verkauft dem Kunden direkt die gewünschte Dienstleistung (z. B. die gewünschte Raumtemperatur). Die Anlagen werden auf diese Weise effizienter genutzt und betrieben, für den Kunden ergeben sich geringere Ausfälle und die Sorgen und Kosten um den Betrieb der Anlage werden dem Contractor übergeben.

Nutzen und Know-how verkaufen – das Leasing von Chemikalien
Hier liegt das wirtschaftliche Interesse nicht am Absatz der Chemikalie, sondern am Absatz der chemischen Dienstleis-

tung, die durch die Chemikalie erfüllt wird (z. B. Reinigung oder Lackierung). Basis des Geschäfts ist nicht mehr der chemische Stoff, sondern das »chemische Know-how« des Herstellers und Dienstleistungsanbieters. Verkauft wird auch hier der Nutzen, nicht der Stoff. Dem Anbieter geht es damit nicht mehr darum, möglichst viel seines Produktes zu verkaufen, das Gegenteil ist der Fall: Es ist für Anbieter *und* Käufer der Dienstleistung wirtschaftlich (etwa bei einem Kotflügel in einer bestimmten Farbe), wenn möglichst wenig Material (Farbe) verbraucht wird. Die Organisation der Industrieländer (OECD) hat die Bedeutung dieses Feldes erkannt und kürzlich eine Konferenz zu diesem Thema organisiert.

Die Innovationsfähigkeit von wettbewerblich organisierten Marktwirtschaften ist gewaltig: In den vergangenen 200 Jahren ist in den Industrieländern die Produktivität des Faktors Arbeit gigantisch gestiegen. Der Prozess ist keinesfalls beendet. Insbesondere im verarbeitenden Gewerbe, das auch im Hinblick auf den Ressourcenverbrauch im Zentrum der Diskussion steht, erleben wir in Deutschland in vielen Branchen Produktivitätssteigerungen von fünf Prozent pro Jahr und mehr, was bei deutlich niedrigeren Produktionssteigerungen zu einer permanenten Verminderung des Einsatzes von Arbeit in diesem Sektor führt. Warum sollte ein entsprechend rasanter Innovationsprozess nicht auch im Hinblick auf den Ressourceneinsatz möglich sein?

Das Problem der Arbeitslosigkeit, das zurzeit in vielen Ländern große soziale Belastungen schafft, wird bei konsequenter Verfolgung der Effizienzstrategie beeinflusst und kann vielleicht ganz gelöst werden: Der technische Fortschritt geht in Richtung Materialeinsparung und verliert die Zielrichtung auf Erhöhung der Arbeitsproduktivität. Wir müssen uns klarmachen, dass die Steigerung der Materialeffizienz durch höhere Materialpreise erzielt wird. Hier wirken zwei Einflüsse zusammen: Die inzwischen auf vielen Rohstoffmärkten beobachtbaren Verknappungen treiben die Preise. Gleichzeitig erhöhen Steuern und andere Abgaben die Materialpreise. Der Produktionsfaktor Kapital, der durch den Einsatz großer Mengen von Material erzeugt wird, wird dadurch zwangsläufig teurer, was wiederum bedeutet, dass der Faktor Arbeit relativ zum Kapital billiger wird. Der Anreiz, Arbeit durch Kapital zu ersetzen, wird dadurch schwächer. Das Dilemma vieler westlicher Wohlstandsgesellschaften, die wegen der hohen Wachstumsraten der Arbeitsproduktivität nur durch möglichst noch höhere Zuwachsraten der Güterproduktion die Beschäftigung verbessern können, könnte sich somit auflösen.

Die Suffizienzstrategie

Es gibt sie also, die Potenziale zur substanziellen Verringerung des Ressourcenverbrauchs, ohne dass gleichzeitig unser Wohlstand reduziert wird. Was aber, wenn die Effizienzstrategie allein keine substanzielle Reduktion von Ressourcenverbrauch, Emissionen und Abfällen bewirkt, wenn wirtschaftliches Wachstum die Effizienzgewinne zu einem großen Teil wieder »auffrisst«? Bislang sind Effizienzgewinne stets durch die Produktion neuer Güter und Dienstleistungen mehr als ausgeglichen worden (vgl. Kap. 3). Und manchmal sind es sogar die Ökoeffizienz-Maßnahmen selbst (*rebound effect*), die dafür verantwortlich sind: mehr wirtschaftliche Aktivität – mehr Umweltverbrauch. Geld bewegt Natur. Das gilt weltweit genauso wie für die europäische Wirtschaft.

Ist diese Befürchtung richtig, könnte das Wachstum der Arbeitsproduktivität durch die Steigerung der Materialeffizienz nicht nennenswert reduziert werden und somit die Arbeitslosigkeit nicht verschwinden. Wenn aber einerseits das Umweltziel wegen des Rebound-Effektes womöglich nicht erreicht wird und andererseits auch das soziale Ziel der Beschäftigungssteigerung verfehlt wird, ist das Ziel der Nachhaltigkeit nur durch einen expliziten Verzicht auf Wirtschaftwachstum erreichbar.

Hinzu kommt, dass spätestens seit dem Ende des New-Economy-Booms im Jahr 2000 die wirtschaftliche Wachstumsmaschine in Europa ins Stottern geraten ist. Das Wirtschaftswachstum, das uns in den reichen Teilen der Welt seit 50 Jahren so viel materiellen Wohlstand gebracht hat, scheint sich in andere Teile der Welt verlagert zu haben. Dennoch sind die Ökonomien hoch industrialisierter Länder heute produktiver denn je. Materieller Wohlstand lässt sich wie beschrieben mit immer weniger Arbeitseinsatz erzeugen. Und genau hier liegt das Problem: Um Vollbeschäftigung (wieder)herzustellen, müssten viel mehr Güter und Dienste produziert und damit auch wieder viel mehr natürliche Ressourcen verbraucht werden. Die Nachfrage danach »schwächelt« aber, die Konjunktur »lahmt«. Die Menschen kaufen weniger, als für »Vollbeschäftigung« nötig wäre. Zum einen, weil sie weniger Geld in der Tasche haben und sich die Zukunft noch »schwärzer« ausmalen. Zum andern aber auch, weil viele heute schon vieles haben.

Wir haben also zwei parallel verlaufende Entwicklungen: Effizienzgewinne werden durch die Produktion neuer Güter und Dienstleistungen mehr als ausgeglichen, und auf der anderen Seite konsumieren schon heute viele Menschen weniger – wenn auch aus unterschiedlichen Gründen und nicht zuletzt wegen der grassierenden Arbeitslosigkeit. Ist also ein Verzicht auf wachsende Güter- und Dienstleistungsproduktion eine Alternative?

Wachsender Wohlstand bedeutet nicht immer wachsendes Glück

Letztlich geht es um die Frage, warum wir überhaupt so viel arbeiten müssen und ob wir nicht besser die vorhandene Erwerbsarbeit auf mehr Köpfe verteilen sollten. Weniger zu arbeiten würde aber auch weniger wirtschaftliche Aktivität bedeuten und damit weniger Wachstum. Eine Katastrophe? Eigentlich nicht – jedenfalls dann nicht, wenn man akzeptiert, was viele Ökonomen offen aussprechen: Wirtschaftswachstum ist *kein* Maß für den gesellschaftlichen Fortschritt. Es ist einfach, was es ist: die Zusammenzählung all dessen, was ein Land, eine Region oder die ganze Welt in diesem Jahr mehr produziert als im vorhergehenden.

Was aber ist gesellschaftlicher Fortschritt dann? Allgemein gesprochen geht es darum, dass es uns Jahr für Jahr *besser* geht – und zwar in einem qualitativen Sinn. Das bringt uns zurück zur Forderung nach einer nachhaltigen Entwicklung. Denn die bedeutet im Grunde, Bedingungen für eine dauerhafte Erhaltung und Erhöhung der Lebensqualität aller Menschen zu schaffen.

Es kommt darauf an, das Ziel einer guten Lebensqualität für alle Menschen, jetzt und in Zukunft, wieder an die Oberfläche zu holen und abzukoppeln von der Wirtschaftsproduktion. Nur das Ziel der besseren Lebensqualität rechtfertigt es, im Sinne langfristiger und hoher ethischer Grundsätze Veränderungen vorzunehmen, um die Umwelt zu schützen und die Armut zu reduzieren.

Seit einigen Jahren findet man in der wissenschaftlichen Literatur vor allem außerhalb des deutschsprachigen Raumes, aber auch in den Medien (von der *New York Times* über *Psychologie heute* bis zu *Stern* und *Brigitte*) immer mehr Berichte, die fundiert analysieren, worum es den meisten Menschen eigentlich geht: Lebensqualität als Voraussetzung für das individuelle Glück. Offizielle Dokumente, wie die 2006 verabschiedete EU-Strategie für eine nachhaltige Entwicklung, verwenden den Begriff des *well-being*, also Wohlbefinden oder Wohlergehen der Menschen, als messbare Größe dessen, was Ziel jeglicher Politik sein sollte. Da es sich hier um ein sehr schnell sich weiter entwickelndes Feld handelt, verweisen wir auf die Internetportale der österreichischen Glücksforschungsinitiative (www.work-life-society-happiness.net), Karuna Consult (www.heartsopen.com) sowie die »World Data Base of Happiness« (http://www1.eur.nl/fsw/happiness/).

In Bhutan, einem Land im Himalaja mit etwa 635 000 Einwohnern, hat das Ziel Lebensqualität erstmals Eingang in die offizielle Politik gefunden. König Jigme Singye Wangchuck sagt, das Bruttonationalglück sei ihm wichtiger als das Bruttonationalprodukt. Das Bruttonationalglück sei die zentrale Richtschnur, das übergeordnete Konzept für Planung und Entwicklung in Bhutan. Viele Inhalte dieses Konzeptes wurzeln seit jeher im kulturellen Erbe Bhutans und seiner religiösen Tradition des Buddhismus. Seine Heiligkeit, der Dalai Lama betont immer wieder kurz und prägnant: »Alle Menschen möchten glücklich sein und frei von Leiden.« Die Überwindung aller Leiden und das Streben nach Glück kann man als den Kern des Buddhismus bezeichnen. Aber auch im Christentum spielen Werte wie Nächstenliebe oder Bewahrung der Schöpfung eine zentrale Rolle.

Glück lässt sich selbstverständlich nicht per Gesetz verordnen. Es muss vielmehr das Ziel sein, politische, kulturelle und wirtschaftliche Rahmenbedingungen zu schaffen, die es den Menschen ermöglichen, ihr individuelles Glück zu entwickeln und zu leben. Auf vier Ebenen versucht die Regierung von Bhutan, diese Vision zu verwirklichen: durch wirtschaftliche Entwicklung, durch den Schutz der Kultur und der Natur und durch gute Staatsführung.

Internationale Studien zeigen hingegen deutlich, dass die Mehrzahl der Menschen in der industrialisierten Welt in hohem Maße gegen ihr persönliches Glück und das vieler anderer handeln. Arbeit und Konsum bereiten ihnen nur wenig (und allenfalls äußerst kurzfristigen) Glücksgewinn, während viele ihrer Aktivitäten sich äußerst negativ auf die Umwelt und andere Menschen, vor allem in den Entwicklungsländern, auswirken. Anders ausgedrückt: Der Konsum- und Lebensstil der meisten Menschen (Stichwort »Wegwerfgesellschaft«) ist nicht nur nicht nachhaltig; er trägt auch nicht zu einer Erhöhung unserer Lebensqualität bei. Immer öfter ist davon die Rede, dass materieller Konsum zur Sucht verkommt und die Defizite im Bereich »innere Werte«, dem Wunsch nach Selbstverwirklichung, guten Beziehungen und dem Einklang mit der Natur, nur vordergründig kompensieren kann.

Immer mehr Menschen merken, dass zu einem guten Leben mehr gehört als immer neue Autos, Reisen, Kleider, Süßigkeiten oder Unterhaltungselektronik. Sie suchen stattdessen Beziehungen, Entspannung, Genuss und Muße. All diese Güter benötigen *auch* materielle Produktion – aber nicht als wichtigste Voraussetzung.

Natürlich besteht auch ein Zusammenhang zwischen Wohlstand und Wohlbefinden. Abb. 4.2 zeigt den positiven Zusammenhang zwischen Einkommen und Zufriedenheit im

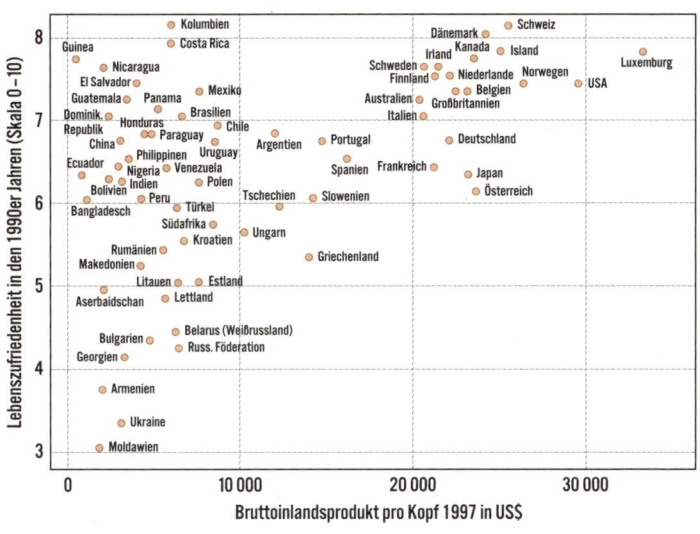

Abb. 4.2 Einkommen und Lebenszufriedenheit im Ländervergleich.

internationalen Vergleich. Tendenziell sind die Bürger der reichen Länder glücklicher als die Bewohner von Ländern mit geringerem Pro-Kopf-Einkommen. Aber: Der Zusammenhang ist positiv, doch er ist nicht linear. Oberhalb von 20 000 US-Dollar Jahreseinkommen gibt es kaum noch einen Zusammenhang zwischen Einkommen und Lebenszufriedenheit.

Die Situation heute ähnelt in gewisser Weise der Debatte in den 1960er Jahren des vorigen Jahrhunderts, als eine Diskrepanz zwischen »privatem Reichtum« und »öffentlicher Armut« festgestellt wurde. Während die Verfügbarkeit an Konsumgütern nach dem Zweiten Weltkrieg für breite Bevölkerungskreise enorm stieg, hinkte die Versorgung mit öffentlichen Gütern (Schulwesen, öffentlicher Verkehr, Kultur oder auch der Umweltschutz) zunächst hinterher, was schließlich zu einem deutlichen Ausbau des »Sozialstaats« (im weitesten Sinn inklusive Kultur- und Freizeiteinrichtungen) geführt hat. Auch hier kam erst der materielle Wohlstand und dann der Bedarf an sozialen Einrichtungen.

Auch die wissenschaftlich fundierte Glücksforschung bestätigt die oben genannten Zahlen: Mehr Konsum von Produkten und Dienstleistungen erhöht nicht mehr spürbar das Wohlbefinden (*well-being*) derer, die schon relativ viel haben. Zunehmend trägt auch die Freizeit (Zeit für Beziehungen, für Selbstverwirklichung und gesellschaftliches Engagement) zum individuellen Glück bei.

Glücksmessung

Ist das Glück der Menschen messbar – und wenn ja, wie? Seit einiger Zeit befassen sich renommierte wissenschaftliche Institutionen mit der Messung des Glücks der Menschen in verschiedenen Ländern. So wird etwa die subjektive Lebenszufriedenheit durch direkte Befragung der Betroffenen erhoben, etwa im *General Social Survey* der USA oder im so genannten *Eurobarometer*. In Deutschland beschäftigt sich das renommierte *Allensbach-Institut* seit Jahren mit der Untersuchung des Wohlbefindens der Bevölkerung, in Großbritannien die *New Economics Foundation*.

Zusätzlich gibt uns die Hirnforschung Hinweise. Wenn Probanden positiven Stimuli ausgesetzt werden (z. B. lustige Filmclips oder schöne Bilder), dann werden bestimmte Bereiche im linken vorderen Teil des Gehirns (Cortex) messbar aktiviert. Bei negativen Stimuli (z. B. schreckliche Fotos) wird im Gegensatz dazu die rechte Seite aktiviert. Es konnte nachgewiesen werden, dass Menschen, deren linke Hälfte besonders aktiv ist, auch eine höhere Lebenszufriedenheit aufweisen (siehe Layard). Darüber hinaus gibt es weitere Hinweise für den Zusammenhang zwischen objektiv beobachtbaren Merkmalen und subjektiver Selbsteinschätzung. So lächeln Menschen mit einer hohen selbst berichteten Zufriedenheit mehr und begehen mit geringerer Wahrscheinlichkeit Selbstmord. Ebenso korreliert die Selbsteinschätzung der Befragten mit der Einschätzung von Freunden und Verwandten.

Die Ökonomen Kahneman und Krueger (2006) wählen einen anderen Weg der Glücksmessung, indem sie fragen, wie viel Zeit sich eine Testperson in einem für sie unangenehmen Zustand befindet. Dafür müssen die Probanden über einen bestimmten Zeitraum ein Tagebuch über alle Aktivitäten führen und jeweils einstufen, welche Gefühle mit welcher Tätigkeit verbunden waren. Ein Teil der anzugebenden Gefühle ist positiv (glücklich, selbstzufrieden, freundlich) der andere negativ (deprimiert, wütend, frustriert). Wenn während einer Situation ein negatives Gefühl den höchsten Wert zugeordnet bekommt, dann wird diese Periode von den Wissenschaftlern als unerfreulich eingestuft.

Der niederländische Glücksforscher Veenhoven wiederum schlägt einen Verbundindikator vor, um das Glück von Nationen zu vergleichen: *Happy Life Expectancy* (Erwartung an glücklichen Lebensjahren). Dafür nutzt er den World Value Survey, bei dem die Bürger und Bürgerinnen auf einer Skala von 1 bis 10 einschätzen, wie glücklich sie sind. Der Durchschnitt wird umgewandelt in Werte zwischen 0 und 1 und dann mit der durchschnittlichen Lebenserwartung multipliziert. Veenhoven interpretiert das wie folgt: Je länger und glücklicher Menschen leben, desto eher passen die Rechte und Pflichten in einer Gesellschaft zu den Bedürfnissen und Fähigkeiten ihrer Bürger. Die Schweiz hat zurzeit die höchste Erwartung an »glücklichen Lebensjahren« mit 63 Jahren. Das Schlusslicht ist Moldawien mit 20,5 Jahren.

Neben den Ansätzen, das subjektive Wohlbefinden zu messen, gibt es viele weitere, die sich damit beschäftigen, die Lebensqualität der Umwelt oder den Wohlstand objektiv zu messen und diejenigen Werte vom Bruttosozialprodukt abzuziehen, die für die Beseitigung von Übeln (Kriminalität, Beseitigung von Umweltschäden, Ausgaben für Kranke) ausgegeben werden. Ferner wird versucht, Tätigkeiten, die im Bruttoinlandsprodukt nicht enthalten sind, wie beispielsweise Freizeit oder Familienarbeit, zu quantifizieren. Beispiele hierfür sind der *Genuine Progress Indicator* oder *Measure of Domestic Progress,* wie er von der New Economics Foundation in London vorgeschlagen wurde. Zur Glückmessung siehe etwa die prominenten Ökonomen Richard Layard und Bruno Frey. Einen deutschsprachigen Überblick gibt Jordis Grimm.

Auch wenn materieller Wohlstand und finanzielles Einkommen für das individuelle Wohlbefinden nur eine begrenzte Rolle spielen, so ist das Glück der Menschen doch sehr ungleich verteilt und zwar sowohl innerhalb unserer Gesellschaft wie auch zwischen »Nord« und »Süd«. Grund: die Armut. Viele sind unglücklich, weil sie arm sind, während in den industrialisierten Teilen der Welt viele unglücklich sind, *obwohl* sie reich sind. »Glück für alle und für immer« ist jedoch Bestandteil der Definition einer nachhaltigen Entwicklung. Die Formulierung ist dazu geeignet, eine Beziehung herzustellen zwischen meinem »Glück« und dem »Unglück« derer, die nicht einmal ihre Grundbedürfnisse (wie Ernährung, Gesundheit, Wohnen etc.) befriedigen können. Es gehört aus der Sicht einer nachhaltigen Entwicklung also zur Verantwortung derer, die mehr haben, für eine gerechtere Verteilung von Einkommen, erfüllender Arbeit und für zumindest eine Grundausstattung an materiellem Wohlstand für die zu sorgen, die arm sind.

Das gilt nicht nur für den Unterschied zwischen der industrialisierten Welt (also Europa, Nordamerika, Japan und Australien) und den Entwicklungsländern. Auch in den Industrieländern wird die Kluft zwischen »Arm« und »Reich« immer größer, sodass auch die Verteilung innerhalb unserer Gesellschaft hinterfragt werden muss – vor allem die Verteilung der Erwerbsarbeit und damit auch des Einkommens.

Die alten Konzepte von wirtschaftlichem Wachstum und sozialer Rundumversorgung scheinen nicht mehr zu funktionieren. Sie verteilen lediglich die Schäden des auf kurzfristige Gewinnmaximierung ausgerichteten Wirtschaftssystems um – von denen, die dafür verantwortlich sind auf die Allgemeinheit. Das »Glück« der Menschen könnte in diesem Zusammenhang zu einem Leitbegriff werden, an dem sich europäische Politik in Zukunft ausrichten kann.

Ein wesentlicher Bereich, wenn es um die Lebensqualität der Menschen in Europa geht, ist die Arbeit. Einen Job zu haben oder nicht gehört zu den wesentlichen Aspekten, die bewirken, ob sich jemand glücklich fühlt oder nicht. Neben ökologischen Aspekten der Nachhaltigkeit geht es hier also vor allem um die soziale Seite der Nachhaltigkeit.

Erwerbsarbeit und Glück

Neben Einkommen und Konsum (von Gütern und Dienstleistungen) dienen auch die Arbeit (bezahlte und unbezahlte Tätigkeiten) sowie verschiedene andere Formen von Aktivitäten (Freizeit) mit Betonung des geistigen und emotionalen Erlebens (etwa: Zusammensein, kulturelle Aktivitäten, Naturerleben, Meditation) der Befriedigung menschlicher Bedürfnisse.

»Arbeitslos« zu sein (besser wäre der Begriff »erwerbsarbeitslos«) ist für die meisten Betroffenen eine sehr negative Erfahrung. Zum Verlust des Erwerbseinkommens kommt meist das Gefühl, in der Gesellschaft nicht mehr gebraucht zu werden – bis hin zum Verlust konkreter sozialer Kontakte und Beziehungen. Arbeitsplätze erfüllen nicht nur eine wirtschaftliche, sondern auch eine soziale Funktion der Teilhabe am gesellschaftlichen Leben.

Arbeit schafft also nicht nur Einkommen, das wir zur Befriedigung unserer materiellen Wünsche brauchen, sondern trägt auch direkt zu unserem Wohlbefinden bei. Andererseits verhelfen uns auch andere Aktivitäten zu unserem Glück und zum Glück der anderen: Zeit mit unseren Kindern, Partnern und Freunden zu verbringen, die Pflege von Alten und Kranken, Nachbarschaftshilfe und das Engagement in sozialen oder gesellschaftlichen Initiativen gehören ebenso dazu wie kulturelle Unternehmungen und viele andere außerberufliche Beiträge zur Selbstverwirklichung. Diese scheitern aber zunehmend am »Stress«, den uns die Arbeit im Beruf verursacht. Heute scheint – dank enorm gestiegener Produktivität – der »Kern« der Gesellschaft in Teilen bereits überversorgt mit privaten wie öffentlichen Gütern, während es ihnen an Zeit und Energie fehlt, diese auch entsprechend zu nutzen, was man vielleicht als »Beziehungsarmut« bei gleichzeitig privatem wie

öffentlichem Reichtum bezeichnen könnte. Technischer ausgedrückt: Es mangelt an Sozialkapital. Diesem Mangel an Sozialkapital sind insbesondere die ausgesetzt, die einer ganztä-
gigen Erwerbsarbeit nachgehen, während die Menschen ohne
Erwerbsarbeit diesen Zustand als negativ empfinden, aber
tendenziell über mehr Sozialkapitel verfügen könnten.

Was ist Human- und Sozialkapital?

Wir haben in Kapitel 3 gesehen, dass man die Natur als Kapital auffassen kann, das – ebenso wie Maschinen, Infra-
strukturen und die dafür nötigen finanziellen Mittel – benötigt wird, um unseren Wohlstand zu produzieren. Ohne
diese Analogie überstrapazieren zu wollen, zeigt sie uns
doch, dass man nicht vom Kapital selbst, sondern von den
»Zinsen« leben muss, um langfristig gut leben zu können.

Neben dem »Naturkapital« gibt es aber noch weitere
Formen von Vermögen, die für die Wettbewerbsfähigkeit
einer Wirtschaft vonnöten sind: das Human- und das Sozialkapital. Die OECD hat das bereits vor einigen Jahren erkannt und führt in ihren Mitgliedsstaaten Projekte durch,
um diese Kapitalarten zu messen. Am bekanntesten sind
wohl die so genannten PISA-Studien über die Qualität der
schulischen Ausbildung. Unser Bildungssystem produziert, so kann man sagen, »Humankapital«, also die Qualität der menschlichen Arbeitskraft. Natürlich ist Bildung
viel mehr als notwendiges Kapital für die Wirtschaft. Aber:
Ohne gut qualifizierte Arbeitskräfte wird die europäische
Wirtschaft auf Dauer nicht mit anderen Teilen der Welt
mithalten können.

Etwas neuer und unbekannter sind die Arbeiten der
OECD zum »Sozialkapital«. In Österreich arbeitet Ernst

Gehmacher, Grandseigneur der österreichischen Sozialforschung, an diesem Problem. Sozialkapital hat, so Gehmacher in dem von ihn Kroismayr und Neumüller verfassten
Band, immer zwei Facetten, den Gemeinsinn innerhalb
einer »Sozietät« wie Familie, Unternehmen, Staat, Welt
(»Bonding«) und die Beziehung zu anderen sozialen Ein-
heiten, übergeordneten oder außenstehenden, der Brü-
ckenschlag (»Bridging«). Und dieses Sozialkapital nimmt
derzeit praktisch überall auf der Welt ab: Wir leben von den
Zinsen früherer Kulturentwicklung, was sich letztlich auch
auf den wirtschaftlichen Erfolg derjenigen Staaten auswirken muss, denen es nicht gelingt, wirksame Strategien zum
neuerlichen Aufbau von Sozialkapital zu entwickeln.

Befriedigende und erfüllende Erwerbsarbeit für alle, die eine
solche möchten, ist ein wesentlicher Aspekt sozialer Nachhaltigkeit. Aber mit der Befriedigung dieses Bedürfnisses haben
die Industriegesellschaften offenbar ihre Probleme.

Die 2. Hälfte des 20. Jahrhunderts war im Prinzip in ganz
Europa zunächst durch eine hohe Zahl an »Normalarbeits-
plätzen« (40 Stunden pro Woche, 40 Wochen pro Jahr, 40
Jahre im Leben) vor allem für den männlichen Teil der Gesellschaft geprägt. Dieser Zustand wurde durch die herrschende
(sozialdemokratische oder christlich-soziale) Sozial- und
Wirtschaftspolitik sowie Tarifverträge unterstützt und ze-
mentiert, während Frauen zunächst im Wesentlichen Fami-
lien- und Hausarbeit leisteten und nur einzelne Bereiche des
Erwerbslebens dominierten (etwa Textilindustrie, Handel,
Schule).

Auf der anderen Seite tun sich an den wieder breiter werdenden Rändern der Gesellschaft deutliche Versorgungslü-
cken auf: Seit etwa 30 Jahren erodiert das System der sozialen

Sicherung einerseits durch einen zunehmenden Grundstock an Arbeitslosigkeit (bei gleichzeitig höherer Erwerbsbeteiligung von Frauen und Zuwanderern), andererseits (und damit zusammenhängend) aber auch durch eine Zunahme so genannter »atypischer Beschäftigung« (Mini-Jobs, Werkverträge etc.) und unterbrochener Erwerbsbiografien. Letzteres bedeutet, dass neben Phasen der Erwerbarbeit immer öfter Phasen der (freiwilligen oder unfreiwilligen) Arbeitslosigkeit stehen, was auch zu einer ungleicher werdenden Einkommens- und Vermögensverteilung führt: Für einen kleiner werdenden Kern der Gesellschaft intensiviert sich die Beteiligung am Arbeitsmarkt (sie arbeiten mehr und verdienen besser), während das auf die »Normalarbeit« abgestimmte »soziale Netz« immer löchriger wird.

Gleichzeitig wird das System der »sozialen Sicherung« (hier verstanden in einem sehr weiten Sinn, der auch die Finanzierung des Bildungssystems, der Kulturpolitik etc. mit einschließt) aber immer teurer: zum einen, weil immer weniger Personen zu einer bestimmten Zeit an seiner Finanzierung teilnehmen können, zum anderen weil die Anforderungen an dieses System eher zu- als abnehmen.

Ein ganzheitlicher Arbeitsbegriff: Mischarbeit

Um den derzeitigen Entwicklungen am Arbeitsmarkt Rechnung zu tragen, ist die Erweiterung des Arbeitsbegriffes, weg von der »normalen« Erwerbsarbeit und hin zu einem ganzheitlichen Arbeitsbegriff, jenem der so genannten »Mischarbeit«, hilfreich. Das am Wissenschaftszentrum Berlin entwickelte Konzept der Mischarbeit betrachtet dabei Erwerbsarbeit im Zusammenhang mit allen anderen in einer Volkswirt-

schaft relevanten unbezahlten Arbeitsformen, wie Eigenarbeit (z. B. Haus- und Gartenarbeit), Versorgungsarbeit (z. B.
Kinderbetreuung, Kranken- und Altenpflege) und Gemeinschaftsarbeit (z. B. unbezahlte Tätigkeiten in Selbsthilfegrup-
pen, informellen Organisationen, gemeinnützigen Vereinen)
und erkennt diese informellen Arbeiten als produktive Beiträge zur Zukunftsfähigkeit unserer Gesellschaft an. Diese
Tätigkeiten, die eine wichtige Grundlage des Wirtschaftens
bilden, werden von der bestehenden Ökonomie nach wie vor
als unbewertete Existenzbedingungen vorausgesetzt. Im Konzept der Mischarbeit werden diese wertvollen Leistungen explizit berücksichtigt und erlangen somit einen höheren Stel-
lenwert (siehe Brandl / Hildebrandt sowie Stocker / Hinterberger / Strasser).

Die Erwerbsarbeit bleibt zwar das dominierende Konzept,
reduziert sich jedoch im Durchschnitt über die gesamte Le-
benszeit – wie auch wöchentlich. Der prominente deutsche
Statistiker Carsten Stahmer hat in diesem Kontext den provo-
kanten Begriff »Halbtagsgesellschaft« geprägt (siehe Schaffer / Stahner). Betrachtet man das Verhältnis zwischen be-
zahlter und unbezahlter Arbeit, so zeigt sich im Jahr 2001 für
Deutschland, dass 56 Milliarden Stunden Erwerbsarbeit 96
Milliarden Stunden unbezahlter Arbeit gegenüberstanden.
Die 96 Milliarden unbezahlten Arbeitsstunden verteilen sich
unterschiedlich auf Männer und Frauen: So kommen, laut
Statistischem Bundesamt im Jahr 2003, Männer auf durchschnittlich 22,5 bezahlte Stunden pro Woche, Frauen hingegen nur auf 12 bezahlte Stunden. Männer leisten umgekehrt
19,5 unbezahlte Stunden, während Frauen 30 unbezahlte
Stunden pro Woche arbeiten.

Normalarbeitsverhältnisse sind aus dieser Sicht alles andere als »normal«, sondern eher die Ausnahme. Andererseits

erlaubt die »Normalität« des Normalarbeitsverhältnisses, die in vielen Fällen eine erhebliche Zahl von Überstunden erfordert, nur wenig Freiraum für Nichterwerbsarbeit. Diese Entwicklungen erfordern ein Nachdenken über eine andere Verteilung von Arbeit. Dabei steht aber nicht nur die reguläre Wochenarbeitszeit sowie ein Abbau von Überstunden zur Disposition, sondern ebenso die Verlängerung des Erholungsurlaubs sowie die Ausweitung von Karenzzeiten und Sabbaticals. Die Verringerung des Pensionseintrittsalters (Verkürzung der Lebensarbeitszeit) ist hingegen aus verschiedenen Gründen (Finanzierung der Pensionsversicherung, Ermöglichung von Mischarbeit, Teilnahme am sozialen Leben) unter Nachhaltigkeitsgesichtspunkten weniger empfehlenswert.

Im Gegenteil: Die Halbtagsgesellschaft ist eine Form der Mischarbeit, in der sich das Erwerbsarbeitsvolumen jedes Einzelnen auf freiwilliger Basis reduziert und soziales Engagement Zeit und Raum bekommt. Ältere und jüngere Personen, die viel persönliche Freizeit haben, können ihr Potenzial für soziales Engagement außerhalb der Lohnarbeit nutzen. Die geringere individuelle Erwerbsarbeitszeit Einzelner gibt anderen Erwerbsfähigen und -willigen die Chance, sich am Arbeitsmarkt zu beteiligen.

So könnte weniger Erwerbsarbeit auf mehr Köpfe verteilt werden, aber auch mehr Zeit für Bildung, Beziehungen, Selbstverwirklichung, Erziehung und Pflege oder gesellschaftliches Engagement für die entstehen, die derzeit bis zur Erschöpfung arbeiten. Dies ermöglicht nicht nur eine freiwillige Reduktion materiellen Konsums zugunsten von mehr Freizeit, sondern auch mehr (Lebens-)Zeit, um sich aktiv im Sinne nachhaltiger Entwicklung zu engagieren.

Unternehmen wie der österreichische Möbelhersteller und -versandhändler »Grüne Erde«, aber auch BMW, die Drogeriemarktkette DM oder Zeiss in Jena machen vor, was vielen heute noch gegen den Strich geht: Flexible Arbeitszeiten widersprechen keineswegs den Gewinninteressen des Unternehmens. Es ist eine Frage der innerbetrieblichen Organisation, die vorhandene Arbeitskraft effizient zu nutzen. Genauso wie sich Ökoeffizienz »rechnet«, lohnt es sich für Unternehmen, flexibel auf die Bedürfnisse ihrer Mitarbeiterinnen und Mitarbeiter einzugehen.

Darüber hinaus ist es auch eine Frage der Verantwortung jedes einzelnen Unternehmers oder Managers, ob wir Menschen eine Teilnahme am Erwerbsleben ermöglichen oder Millionen in die Erwerbsarbeitslosigkeit entlassen. Allerdings stehen derzeit noch viele Regelungen des Arbeits- und Sozialrechts einer umfassenden Nutzung dieser Potenziale entgegen. Sie sind noch immer voll auf die »Normalarbeitszeitverhältnisse« des 20. Jahrhunderts ausgerichtet.

Wir haben gesehen, dass nicht nur die Natur, sondern auch der größte Teil der in einer Gesellschaft geleisteten Arbeit keinen Preis hat und daher auch in den Augen vieler nichts oder nur wenig »wert« ist. Bezahlte Arbeit ist auch im 21. Jahrhundert noch immer zwischen Männern und Frauen, den verschiedenen Altersgruppen und sozialen Schichten sehr ungleich verteilt. Dass Arbeit und Einkommen ungleich verteilt sind, bedeutet auch, dass diejenigen, die ein Arbeitseinkommen haben, einen immer größeren Teil davon aufwenden müssen, um die professionelle Erledigung vieler gesellschaftlicher Aufgaben (vom Pflegebereich bis zum Umweltschutz) zu bezahlen – entweder direkt oder in Form von Steuern und Abgaben, die der Staat für die Finanzierung dieser Aufgaben erhebt. Und diese Steuern und Abgaben erhöhen wieder die Kosten der Arbeit. Folge: Es wird immer teurer, Menschen einzustellen, und weitere Arbeitsplätze werden wegrationalisiert.

Dieser Teufelskreis könnte durchbrochen werden, denn immer mehr Menschen möchten in ihrem Leben weniger arbeiten, um Zeit für anderes zu gewinnen. Sie würden nur allzu gern Platz machen für andere, die derzeit keinen Job haben – und weniger Umwelt »verbrauchen«, weil sie ja mit dem geringeren Einkommen weniger konsumieren. Eine andere Verteilung der gesellschaftlich notwendigen Arbeiten, zu denen Büro und Fabrik ebenso gehören wie Kinderzimmer und Hausgemeinschaft, könnte ebenso helfen wie mehr Teilzeitarbeit, mehr Flexibilität am Arbeitsplatz, mehr Sabbaticals oder vermehrter Erziehungsurlaub von Vätern. Erhöhte Produktivität im Beruf, mehr Herz in der (persönlichen) Betreuung, die dann wiederum besser mit professioneller Hilfe durch Pädagogen und Pfleger verbunden werden könnte, wären die positiven Ergebnisse. Kurz gesagt: Zur sozialen Nachhaltigkeit gehört der Wechsel in der gesellschaftlichen Wertschätzung von der ausschließlich anerkannten Erwerbsarbeit zu Formen der Mischarbeit.

Vollbeschäftigung bedeutet in diesem Zusammenhang nicht eine Rückkehr zum »Normalarbeitsverhältnis für alle«, sondern eine Situation, in der alle, die eine Erwerbsarbeit ausführen möchten, diese auch bekommen können. Dies erforderte ein gewisses Maß an Flexibilität auf allen Seiten, hätte aber auch den Vorteil, dass viele, die derzeit als schlecht qualifiziert gelten, eine Chance hätten, »on the job« wieder Qualifikationen zu erwerben – oder überhaupt erst einen Anreiz zur Qualifikation verspürten.

Wenn man gesellschaftlichen Fortschritt vom Wirtschaftswachstum abtrennt, könnte eine solche Neugestaltung der Arbeit zu qualitativem Fortschritt beitragen und die Entwicklung in Richtung Nachhaltigkeit voranbringen. Statt mehr wirtschaftlichem Wohlstand würde diese Form von Fort-

schritt mehr »Glück« hervorbringen. Weniger Wirtschaftswachstum oder sogar »Null-Wachstum« könnte freilich
durchaus die Folge von weniger Erwerbsarbeit sein. Weniger
am Bruttoinlandsprodukt gemessenes Wirtschaftswachstum
bedeutet aber auch weniger Eingriffe in die Natur.

Wie real ist die Vision einer nachhaltigen Gesellschaft?

Ein besseres Leben und Arbeitsplätze für viele müssen nicht
zwangsläufig auf Kosten der Natur und damit auf Kosten
nachkommender Generation und der Menschen in der Dritten Welt gehen. Dass man sich eine solche Welt wünscht, bedeutet aber noch nicht, dass diese auch möglich ist. Tatsächlich
wird die vorgestellte Sicht gesellschaftlichen Fortschritts immer wieder als »Wunschdenken« denunziert, das sich wirtschaftlich nicht rechne.

Gerade in jüngster Zeit haben aber umfassende Modellrechnungen gezeigt, dass positive Entwicklungen im Sinne
der genannten gesellschaftlichen Ziele durchaus auch gesamt-
wirtschaftlich möglich sind, obwohl es im Übergang sicherlich
auch »Verlierer« geben würde, vor allem bei denen, die sich
aufgrund ihrer wirtschaftlichen und persönlichen Voraussetzungen schlechter auf die neuen Anforderungen einstellen
können.

Hier sei nur auf zwei Projekte verwiesen, an denen die Autoren mitgewirkt haben. Für Deutschland hat sich ein Ver-
bundprojekt im Auftrag der Hans-Böckler-Stiftung ausführlich mit diesen Fragestellungen beschäftigt, durchgeführt
wurde das Projekt vom Wuppertal Institut in Zusammenarbeit mit dem Deutschen Institut für Wirtschaftsforschung
(siehe www.a-und-oe.de). Auf europäischer Ebene kam das

Projekt MOSUS (www.mosus.net) zu ähnlichen Ergebnissen wie den hier vorgestellten Überlegungen. Das von der EU-Kommission geförderte Projekt simulierte Szenarien, wie sich Europa bis zum Jahr 2020 in Richtung Nachhaltigkeit verändern könnte. Zentrales Ergebnis des Projektes ist, dass eine Kombination aus verschiedenen umweltpolitischen Instrumenten, die auf eine Erhöhung der Energie- und Materialeffizienz abzielen, sich sowohl auf die wirtschaftliche Entwicklung als auch auf die Umwelt positiv auswirken werden.

Die wichtigste Schlussfolgerung ist, dass Umweltpolitikmaßnahmen, welche auf eine Entkoppelung des Material- und Energieverbrauchs vom Wirtschaftswachstum abzielen, auch für das Wirtschaftswachstum positive Impulse setzen können – dies im Gegensatz zur gängigen Meinung, dass solche Politikmaßnahmen die Produktionskosten für Unternehmen erhöhen und somit die Wettbewerbsfähigkeit senken. Daraus ergibt sich ein Spielraum, noch mehr für den Umweltschutz zu tun, zumal, wie gezeigt, wirtschaftliches Wachstum nur sehr beschränkt zum gesellschaftlichen Wohl beiträgt.

5. Wege in die Nachhaltigkeit

Fassen wir noch einmal kurz zusammen, was wir bisher herausgearbeitet haben: Der globale Wandel hat ein Ausmaß erreicht, das die Grundlage des Lebens auf der Erde bedroht. Globaler Wandel darf dabei nicht mit Klimawandel gleichgesetzt werden, denn er ist viel mehr als das. Menschliche Aktivitäten verändern die Landoberfläche, die Artenvielfalt, die Qualität und Quantität von Trinkwasser, die Ozeane und vieles mehr. Erschwerend kommt hinzu, dass die Erde ein vernetztes und komplexes System ist. Es ist erforderlich, dieses System zu verstehen, um mit Eingriffen gewünschte Wirkungen erzielen zu können. Da wir aber bereits negative Veränderungen verursacht haben, ist es notwendig, sich diesen Veränderungen anzupassen und Maßnahmen zu treffen, die weitere negative Wirkungen reduzieren. Grundsätzlich aber müssen wir die Eingriffe in die Natur auf ein Maß beschränken, das das Naturkapital nicht aufbraucht, sondern eine ökologisch verantwortliche Nutzung der Natur garantiert. Die dramatische Verbesserung der Ressourceneffizienz ist dafür notwendig. Um eine für unseren Planeten nachhaltige Entwicklung zu erreichen, ist deshalb eine Effizienzstrategie vonnöten, die zu dieser Verbesserung führt. Darüber hinaus kann das Ziel der nachhaltigen Entwicklung auch durch Änderungen unseres Lebensstils unterstützt werden. Wenn gesellschaftlicher Fortschritt nicht mehr automatisch an Wirtschaftswachstum gekoppelt ist, sondern als wirkliche Verbesserung der Lebensqualität begriffen wird, wird eine nachhaltige Entwicklung unterstützt.

Dieses Kapitel beschäftigt sich mit den Möglichkeiten, wie die skizzierten Ziele erreicht werden können. Es ist nur ein Auszug des gegenwärtigen Diskurses ohne Anspruch auf Vollständigkeit. Denn es *gibt* nicht den *einen* Weg in die Nachhaltigkeit. Nur eine Kombination aus vielen Maßnahmen und Aktivitäten der Politik, der Wirtschaft und jedes einzelnen Menschen wird uns den Weg in eine nachhaltige Entwicklung ermöglichen.

Freilich beginnen bei den konkreten Maßnahmen auch die Schwierigkeiten. Denn: Sobald es um Details der Umsetzung und Konkretisierung dieses in vielen nationalen und internationalen Dokumenten verankerten Leitbildes geht, ist es vorbei mit der Einigkeit. Ziele, Strategien und Handlungsfelder der beteiligten Akteure weichen zum Teil sehr stark voneinander ab. Auch wenn sich viele Staaten dem Gesamtziel »nachhaltige Entwicklung« in großer Übereinstimmung verschrieben haben, die Konkretisierung und Umsetzung liegt noch in weiter Ferne. An dieser Stelle möchten wir dennoch die wichtigsten Handlungsoptionen beschreiben.

Von der Umweltpolitik zur Ressourcenpolitik

Eine tief greifende Verbesserung der Ressourceneffizienz kann nicht nur durch das Umdenken und Handeln einzelner Personen und Unternehmen erreicht werden. Genauso wichtig ist es, die politischen und wirtschaftlichen Anreize richtig zu setzen. Nur so erhalten Firmen die richtigen Signale, in neue, Ressourcen sparende Technologien zu investieren oder innovative Dienstleistungen zu entwickeln.

Es muss das zentrale Ziel von Umwelt- und Wirtschaftspolitik sein, sicherzustellen, dass die Preise für natürliche Ressourcen und Produkte die richtigen Impulse setzen.

Die neue Umweltpolitik: Vorsorge statt Nachsorge

In den letzten drei Jahrzehnten hat sich das Umweltbewusstsein in Europa deutlich verbessert. Aufgrund dieses gestiegenen Bewusstseins um die Gefahren wachsender Eingriffe der Menschen in ihre Umwelt hat sich auch der Druck auf die politischen Akteure verstärkt. Allerdings hängt die Durchsetzbarkeit umweltpolitischer Maßnahmen nach wie vor von den konkret und regional wahrgenommenen Problemen ab. Die Sichtbarkeit und Aktualität bestimmter Umweltprobleme vereinfacht die Umsetzbarkeit von politischen Maßnahmen (etwa zur Bekämpfung von Luft- und Wasserverschmutzung). Zur Reduktion solcher Umweltbelastungen wurden Technologien verwendet, die heute unter dem Namen »end of pipe« bekannt sind. Beispiele dafür sind Filteranlagen auf Schornsteinen oder Katalysatoren in Autos. Gleichzeitig werden langfristige Umweltprobleme von solchen kurzfristigen Maßnahmen in den Hintergrund gedrängt, solange deren Auswirkungen nicht stark genug wahrgenommen werden (z. B. Klimawandel, Verlust der Artenvielfalt). In diesem Spannungsfeld hat sich Umweltpolitik lange Zeit vor allem auf nachsorgende Maßnahmen, nämlich auf die Beseitigung akuter Umweltbelastungen beschränkt. Maßnahmen zur Vorsorge wurden jedoch vernachlässigt.

Mittlerweile hat sich aber die Ansicht durchgesetzt, dass Umweltpolitik nicht am Ende der Wirkungskette, sondern an deren Anfang ansetzen sollte. Der Grundgedanke ist denkbar einfach: Wo vorne weniger (Naturverbrauch) eingespeist wird, kommt hinten weniger (Umweltbelastung) heraus.

Auch wenn es noch keine umfassende Ressourcenpolitik in Europa gibt, existieren doch einige viel versprechende Versuche. So haben zum Beispiel Österreich, die Niederlande, Schweden, Finnland und Japan dieses umweltpolitische Konzept in ihre Nachhaltigkeitsprogramme aufgenommen. Auch Deutschland hat in seiner Nachhaltigkeitsstrategie konkrete Ziele für die Ressourceneffizienz definiert. Auf europäischer Ebene wird diesen Entwicklungen im derzeit laufenden sechsten Umweltaktionsprogramm der EU Rechnung getragen. Obwohl die Umsetzung dieser Programme in vielen Bereichen noch verbessert werden muss, zeigt sich, dass sich in der Umweltpolitik ein neues Prinzip durchgesetzt hat: Vorsorge statt Nachsorge.

Welche politischen Instrumente können konkret zur Reduktion des Ressourcenverbrauchs eingesetzt werden? Prinzipiell kann man Politikmaßnahmen in diesem Bereich nach der Stärke ihres Eingriffs in die individuellen Entscheidungen von Unternehmen und Konsumenten einteilen. So ergeben sich die drei Typen: Ge-und Verbote, ökonomische Anreize und freiwillige Maßnahmen. Viel spricht für eine Kombination aller drei Instrumente – sind wir doch im Zusammenspiel von Umwelt und Gesellschaft mit zahlreichen komplexen Problemen konfrontiert, die auch verschiedene Lösungsansätze verlangen.

Command and Control: Gebote und Verbote zählen zu den klassischen Instrumenten der Umweltpolitik: Den Unternehmen (oder auch den Konsumenten) werden direkte Verhaltensvorschriften auferlegt, wobei bei Nichteinhaltung mit Sanktionen gerechnet werden muss. Auch als »command-and-control measures« bekannt, dienen sie vor allem dazu, einen bestimmten Mindeststandard zu garantieren, etwa die Deckelung des Ausstoßes bestimmter Schadstoffe. Im Hinblick auf eine Reduktion des Ressourcenverbrauchs sind aber auch Auflagen, die die Qualität oder Quantität des Materialinputs betreffen, oder Prozessnormen, die den Einsatz der anzuwendenden Technologie vorschreiben, von Bedeutung.

Die neue Wirtschaftspolitik

Aufgabe der Politik muss es sein, die Rahmenbedingungen des Wettbewerbsprozesses so zu gestalten, dass sich die Entwicklung Ressourcen sparender Produkt- und Prozessinnovationen für die Unternehmen lohnt. Zu glauben, dass der Staat durch direkte Eingriffe diese Innovationen schafft, ist eine Illusion. Man denke nur an das völlige Versagen der sozialistischen Zentralverwaltungswirtschaften im Hinblick auf die Realisierung von technischen Fortschritten. Der Staat darf nur die Regeln bestimmen und Anreize geben, er sollte aber besser nicht mitspielen und schon gar nicht das Spiel beherrschen.

Solche Anreize sind etwa Steuern auf Ressourcenverbrauch und handelbare Verbrauchsrechte (Umweltzertifikate), die die Unternehmen vom Staat erhalten und untereinander handeln können (siehe unten). Sinn der Anreize: Die Unternehmen sollen vorhandene Möglichkeiten zur Reduktion des Ressourcenverbrauchs nutzen und vor allem Innovationen in Ressourcen sparende Technologien durchführen. Für die Verbraucher hat dies zur Folge, dass alle Konsumgüter, deren Produktion direkt oder indirekt einen hohen Ressourcenverbrauch ausgelöst hat, teurer werden. So wird das Auto, dessen Produktion mehr fossile Energieträger, mehr Erze und mehr nichtmineralische Rohstoffe erfordert hat, teurer werden als ein anderes, das leichter konstruiert ist und dessen Stahl aus Schrott mit dem Elektrostahlverfahren »gekocht« worden ist, wobei der elektrische Strom wiederum aus regenerierbaren Quellen gewonnen wurde. Die betriebliche Notwendigkeit, Kosten zu senken, wird in einem Markt, der den Verbrauch von Ressourcen besteuert, in die richtige Richtung gelenkt. Und die Produzenten erhalten Anreize, Konsumgüter zu entwickeln, die weniger Umwelt verbrauchen.

Neben Steuern sind auch Beiträge oder Gebühren auf Umweltverbrauch denkbar, die in die Kostenrechnung von Produkten und Dienstleistungen integriert werden müssen. Allerdings bleibt es der individuellen Entscheidung Einzelner überlassen, sich die für sie wirkungsvollsten Anpassungsmaßnahmen auszusuchen. So werden kreative Lösungen gefördert: Innovation in Richtung Ressourceneffizienz macht sich schließlich auch bezahlt.

Ein wesentlicher Ansatz unter den marktorientierten Mechanismen ist die *ökologische Steuerreform*. Ziel ist eine Verlagerung der Steuerlast, sodass der Umweltverbrauch besteuert wird, während andere Bereiche, wie etwa Arbeit, entlastet werden können. Dazu gibt es zwei prominente Ansätze:

- *Energiesteuern*, wie sie ansatzweise in vielen Ländern der Europäischen Union schon existieren, sind aufgrund der relativ geringen Anzahl an Energieträgern verhältnismäßig leicht umzusetzen.

- *Materialinputsteuern*, die Besteuerung von sämtlichen Ressourcenströmen ist dagegen etwas schwieriger zu implementieren. Aber auch hier gibt es bereits erste viel versprechende Ansätze.

Beide Modelle können helfen, positive Preissignale für Konsumenten zu setzen. Schließlich werden höhere Preise für Energie und Materialinput durch die Produktkette bis zu den Konsumenten durchsickern, sodass sich sparsamere Varianten preislich klar abheben werden. Eine schrittweise Anhebung der Steuern erscheint jedoch ratsam, um Unternehmern und Konsumenten genügend Zeit zur Anpassung zu geben.

Im Sinne einer breit angelegten und kohärenten Nachhaltigkeitspolitik sollte aber auch das herrschende *Subventionssystem* kritisch unter die Lupe genommen werden. Subventionen können einerseits umweltfreundliche Technologien begünstigen, andererseits können sie in Form von so genannten »perversen Subventionen« langfristig sowohl für Wirtschaft wie Umwelt schädlich sein. Beispiele sind insbesondere Diesel- und Kohlesubventionen sowie die Kerosinsteuerbefreiung. Solche Subventionen fördern nicht nur den Ressourcenverbrauch, sondern zögern auch die Umstellung auf erneuerbare Energieträger hinaus. Ähnlich wirken Finanzhilfen für intensive Landwirtschaft (auch für die Verwendung von Pestiziden) sowie Eigenheimzulage und Pendlerpauschale. Ihr Einsatz wird auf unterschiedliche Weise begründet, meist fehlt aber eine Prüfung ihrer ökologischen Verträglichkeit. Eine sorgfältige Abschätzung der Subventionsfolgen scheint jedoch für die Erreichung umweltpolitischer Ziele unerlässlich. Das Ziel muss sein, effizienzsteigernde Aktivitäten zeitlich befristet zu unterstützen und Subventionen für nichtnachhaltige Aktivitäten weitestgehend abzuschaffen. Hierbei geht es um beträchtliche Beträge, die sich auch auf Steuern und Budgetdefizite auswirken.

Ein weiterer interessanter Ansatz besteht darin, ein Handelssystem mit *Zertifikaten* einzurichten. Ähnlich wie es das Kyoto-Protokoll für Kohlendioxid-Emissionen regelt, könnten mit Hilfe so genannter Materialinputzertifikate handelbare Eigentumsrechte für natürliche Ressourcen hergestellt werden, deren Gesamtvolumen auf eine vereinbarte Menge festgelegt wird. Auch hier könnte die erlaubte Quantität schrittweise reduziert werden, um Unternehmen genügend Zeit für eine Anpassung zu geben.

Wie der Emissionshandel funktioniert

Ziel des Emissionsrechtehandels ist die ökonomisch möglichst effiziente Verteilung einer durch die Politik mengenmäßig vorgegebenen Reduktion schädlicher, weiträumig oder global wirkender Emissionen. Deshalb werden vom Staat handelbare Emissionszertifikate an die betroffenen Betriebe ausgegeben, die diese jeweils zum Ausstoß einer bestimmten Emissionsmenge (z. B. einer Tonne Kohlendioxid) berechtigen. Die Gesamtmenge der ausgegebenen Zertifikate für einen bestimmten Zeitraum liegt fest (Deckelung) und wird gemäß der zu erreichenden Emissionsreduzierung bestimmt. Die Zertifikate können zwischen den Betrieben frei gehandelt werden, wobei der Preis marktwirtschaftlich durch Angebot und Nachfrage bestimmt wird. Unternehmen, die mehr Zertifikate benötigen, müssen sie von anderen Unternehmen kaufen, die weniger benötigen, weil sie ihre Reduktionsverpflichtung schon weitgehend erfüllt haben. Es ist also den Unternehmen freigestellt, wie schnell oder langsam sie ihre Reduktionsverpflichtungen erfüllen wollen und die damit verbundenen technischen Umstellungen in ihre Innovationspläne einpassen.

Bildung und Förderung

Politische Maßnahmen können, ja müssen durch Bildungs-maßnahmen unterstützt werden, die dazu beitragen, Verhaltensänderungen zu bewirken. Informationskampagnen, Bildung und die Förderung des öffentlichen Dialogs über langfristige Perspektiven können helfen, die gesellschaftliche Handlungsbereitschaft und Kompetenz in Umweltfragen und gesellschaftlichen Fragen zu stärken. Dazu gehört auch die Förderung von Forschung und Entwicklung für einen umweltgerechten technischen und sozialen Fortschritt.

Freiwillige Vereinbarungen

Auf europäischer Ebene spielen darüber hinaus freiwillige Umweltvereinbarungen von Unternehmen zur Reduktion des Ressourcenverbrauchs zunehmend eine Rolle. Das kann sich gleich auf mehrere Arten bezahlt machen: Zu Kosteneinsparungen durch geringeren Materialverbrauch kommt die mögliche Vermeidung von gesetzlichen Vorschriften, die in der Umsetzung für Unternehmen oft mit hohen Kosten verbunden wären.

Dennoch ist die Effektivität von freiwilligen Maßnahmen sehr umstritten. Wie stark weicht das freiwillige Engagement von Unternehmen im Endeffekt von der normalen Produktion ab? Und wie weit lässt sich das Verhalten Einzelner durch Informationskampagnen beeinflussen?

Die richtige Mischung

Nur eine sinnvolle Kombination der verschiedenen aufge-
führten Instrumente kann zur Nachhaltigkeit führen. Je nach
Problemlage können aus den verschiedenen Ansätzen geeignete Lösungsstrategien entwickelt werden. Gebote und Verbote eignen sich vor allem dafür, schnell auf Probleme im Umgang mit bestimmten Ressourcen zu reagieren. Andererseits
kann es passieren, dass aufgrund der mangelnden Flexibilität
die Art der Umsetzung nicht optimal auf die Gegebenheiten
in einzelnen Betrieben angepasst ist. Dagegen erlauben ökonomische Anreize und freiwillige Maßnahmen mehr Flexibilität in der Gestaltung der individuellen umweltgerechten
Anpassung. Insbesondere um langfristig den gesamten Mate-
rial- und Energieverbrauch zu senken, stellen solche Maßnahmen eine unverzichtbare Ergänzung zu gesetzlichen Vorschriften dar. In jedem Fall sollte die Gesamtheit der ergriffe-
nen Maßnahmen das Resultat eines transparenten politischen
Prozesses sein, der im Rahmen eines gesellschaftlichen Kon-
senses auf ökonomische, soziale und ökologische Zielsetzungen Rücksicht nimmt.

Faire Spielregeln in der Weltwirtschaft

Obwohl die Weltwirtschaft ständig wächst und die Menschheit insgesamt immer wohlhabender wird, sind die Gewinne
der Globalisierung zu einem immer größeren Anteil in den
Händen der reichen Bevölkerungsschichten konzentriert. Vor
allem viele Entwicklungsländer profitieren nicht von der zunehmenden Verflechtung der Weltwirtschaft und dem rasant
wachsenden internationalen Handel; das Pro-Kopf-Einkom-

Politische Maßnahmen zur Steigerung der Ressourceneffizienz

Der richtige Mix politischer Instrumente lässt Umwelt wie Wirtschaft profitieren. Die wesentlichsten Instrumente im Überblick:

- Verschiebung der Steuerlast im Zuge einer ökologischen Steuerreform weg von der Belastung der Arbeit hin zu einer Belastung des Ressourcenverbrauchs
- Beseitigung von Subventionen, die eine Übernutzung natürlicher Ressourcen in den Bereichen Landwirtschaft, Fischerei, Transport und im Energiesektor fördern
- Förderung von Forschung und Technologieentwicklung zur Steigerung der Ressourceneffizienz von Produkten und Produktionsweisen
- Einführung von Zielen zur Steigerung der Ressourceneffizienz bei der öffentlichen Beschaffung oder der Umweltberichterstattung von Unternehmen
- Verpflichtende Mindeststandards für den durchschnittlichen Energieverbrauch von Produkten (Höchstverbrauchsnormen für Haushaltsgeräte oder PKWs)
- Umsatzsteuerbefreiung für Produkte mit anerkannten ökologischen Kennzeichnungen wie Umweltzeichen, Biolandbau, Fair Trade
- Maßnahmen zu einer neuen Raumordnung, um die Lebensbereiche Wohnen, Arbeiten und Einkaufen wieder zusammenzuführen

men liegt in vielen dieser Länder heute sogar unter dem Niveau von 1980. Eine solche Entwicklung ist weder wirtschaftlich noch sozial oder ökologisch nachhaltig. Doch was muss verändert werden, damit die Gewinne der Globalisierung gerechter zwischen den verschiedenen Weltregionen verteilt werden?

Für die Etablierung nachhaltiger Wirtschaftsstrukturen ist aus Sicht der Entwicklungsländer langfristig das wichtigste Ziel, die Abhängigkeit wirtschaftlicher Entwicklung vom Export (zumeist unverarbeiteter) Rohstoffe zu verringern. Denn einerseits sind Rohstoffe großen Preisschwankungen auf den Weltmärkten ausgesetzt, andererseits können für sie weniger Einnahmen erzielt werden als für den Verkauf von höher verarbeiteten Produkten (zum Beispiel Teile von Maschinen oder Computern). Ein wichtiges Ziel wirtschaftlicher Entwicklung ist es daher, die im Land hergestellten Produkte nicht als Rohstoffe zu exportieren, sondern sie weiterzuverarbeiten, ihren Wert zu erhöhen und dadurch auch bessere Preise zu erzielen.

Diesem Ziel stehen jedoch massive Interessen der Industriestaaten entgegen – trotz aller Rhetorik für einen freien Welthandel. Während die Industrieländer die Entwicklungsländer drängen, ihre Märkte für Industrieprodukte rasch zu öffnen, sind wichtige Wirtschaftsbereiche wie Landwirtschaft, aber auch die Industrie nach wie vor durch Zölle und andere Beschränkungen gegenüber der zunehmenden Konkurrenz aus dem globalen Süden geschützt. Studien der englischen Nicht-Regierungs-Organisation Oxfam von 2002 haben gezeigt, dass Importzölle in den Industrieländern für Waren aus Entwicklungsländern im Durchschnitt etwa vier Mal so hoch sind wie jene für Exporte aus dem Norden in den Süden.

Die reichen Industrieländer betonen gern, dass der freie

Handel das beste Instrument sei, um die Armut in den Entwicklungsländern zu bekämpfen. Das kann jedoch nur dann
funktionieren, wenn ein faires und international ausgegliche-
nes Handelssystem etabliert wird, in dem die ärmsten Länder
nicht nur keine Benachteiligung erfahren, sondern durch spe-
zielle Regelungen (zum Beispiel einen zollfreien Zugang zu
den Märkten der Industrieländer) aktiv gefördert werden.
Größere Gerechtigkeit in der Weltwirtschaft ist nur zu erreichen, wenn die starken Nationen im Welthandelssystem belastet und die schwachen Nationen begünstigt werden. Die
Förderung fair gehandelter Produkte ist ein wichtiger Schritt
in diese Richtung, weil sie den Menschen, die Produkte wie
Kaffee oder Kakao erzeugen, einen gerechteren Preis ermöglicht und somit hilft, die Armut in Produzentenländern zu
verringern.

Ein weiterer wichtiger Punkt ist die Tatsache, dass Wirtschaftsbereiche wie Bergbau und Landwirtschaft in Entwicklungsländern meistens von multinationalen Unternehmen
kontrolliert werden. So haben zum Beispiel nur drei Unternehmen (Chiquita, Dole, Del Monte) mehr als 70 Prozent des
weltweiten Bananenanbaus in der Hand. Diese Unternehmen
agieren gemäß den Interessen der Industrieländer, und es ist
ihnen möglich, die Gewinne aus Abbau und Verkauf der Rohstoffe in die Mutterländer der Unternehmen zu transferieren.
Eine wichtige Maßnahme wäre daher, multinationale Unternehmen durch internationale Regelungen zu verpflichten,
einen größeren Anteil ihrer Gewinne im Produktionsland
selbst zu reinvestieren. Mit den Steuereinnahmen könnten
dann wichtige Bereiche wie das Gesundheits- oder das Bildungssystem gefördert werden, die eine Grundlage für eine
erfolgreiche wirtschaftliche Entwicklung und Armutsbekämpfung darstellen.

Eine wichtige Initiative für eine neue Zusammenarbeit, um globale Sicherheit, Frieden und Wohlstand für alle Erdbewohner zu schaffen, ist der so genannte »Global Marshall Plan«, der 2003 ins Leben gerufen wurde. Der Global Marshall Plan zielt auf eine »Welt in Balance« ab. Dies erfordert eine aktive Gestaltung der Globalisierung und der weltwirtschaftlichen Prozesse. Ziel der Initiative: Die so genannte »ökosoziale Marktwirtschaft«, ein wirtschaftlicher Ordnungsrahmen, der die Überwindung der Armut, den Schutz der Umwelt sowie globale Gerechtigkeit berücksichtigt und fördert. Ein zentraler Ansatz des Global Marshall Plan ist, dass die reichen Länder Projekte in Entwicklungsländern mitfinanzieren und als Gegenleistung die Einhaltung von ökologischen und sozialen Standards aushandeln, so wie es zum Beispiel auch bei der Osterweiterung der Europäischen Union angewandt wird. Dadurch könnte ökologisches oder soziales Dumping verhindert werden, was mittel- und langfristig sowohl den reichen wie den armen Ländern zugute kommen würde.

Die Initiative des Global Marshall Plan verfolgt drei zentrale Ziele:

- Die rasche Verwirklichung der weltweit vereinbarten Millenniumsentwicklungsziele der Vereinten Nationen (siehe dazu Kap. 1) als Zwischenschritt zu einer gerechten Weltordnung und zu nachhaltiger Entwicklung.
- Die Aufbringung von zusätzlichen 100 Milliarden US-Dollar pro Jahr für Entwicklungszusammenarbeit im Zeitraum von 2008 bis 2015. Neben nationalen Quellen soll eine faire und wettbewerbsneutrale Aufbringung dieser Mittel über die Belastung globaler Transaktionen von Kapital (die so genannte Tobin-Steuer) sowie weltweit gehandelter Güter erfolgen.
- Die schrittweise Realisierung einer weltweiten ökosozialen

Marktwirtschaft durch die Etablierung eines Ordnungsrahmens für die Weltwirtschaft (einen fairen »Weltvertrag«). Dieser soll bestehende Regelwerke und vereinbarte Standards von Institutionen (vor allem im Rahmen der Vereinten Nationen) verbinden und ausbauen. Zentrales Ziel dieses Ordnungsrahmens ist es, die Verursacher von Umweltbelastungen zu verpflichten, auch für die resultierenden Kosten aufzukommen (ökologische Kostenwahrheit). Denn nur so kann die Kraft der Märkte in Richtung Nachhaltigkeit gelenkt werden.

Die Macht der Suffizienz

Nachhaltigkeit wird jedoch allein mit Effizienzgewinnen und (technischen) Innovationen nicht erreichbar sein (vgl. Kap. 4). Vor allem dann nicht, wenn die von der UNO propagierten Zahlen zum Bevölkerungswachstum der nächsten Jahre sowie das Wachstum der Konsumansprüche berücksichtigt werden. Soll das Zusammenleben in dieser eng gewordenen Welt ökologisch und sozial gelingen, sind vernünftige Anspruchsbegrenzungen notwendig – also Suffizienz.

Wohlhabende Gesellschaften müssen sich begrenzen, denn ohne Einschränkung können die natürlichen Lebensgrundlagen langfristig nicht erhalten werden. Mehr noch: Ohne den Erhalt der natürlichen Lebensgrundlagen scheint ein friedlicher Ausgleich zwischen Arm und Reich prinzipiell nicht erreichbar. Doch Suffizienz ist im gesellschaftlichen Diskurs nicht gerade eine begeistert aufgenommene Vorstellung – im Gegenteil.

Meist wird sie zu Unrecht mit Mangel und Entsagung verbunden. Dabei kann sie zu einem neuen Wohlstands- und

Fortschrittsverständnis führen und helfen, das Verhältnis von materiellen Gütern und immateriellen Bedürfnissen besser zu bestimmen. Suffizienz bedeutet, sich mit dem Ausreichenden zu begnügen. Das Ausreichende wiederum kann definiert werden als alles, was nicht zu viel ist. Wenn man für das Ausreichende das Wohlbefinden (oder Glück) der Menschen als entscheidenden Maßstab nehmen möchte (denn ab einem bestimmten materiellen Wohlstandsniveau kommt es zu keinen großen Steigerungen im Wohlbefinden mehr, siehe Kap. 4) – dann gibt es in den industrialisierten Ländern ein erhebliches Potenzial an Suffizienzsteigerung einerseits und an Lebensqualitätssteigerung andererseits.

Suffizienzsteigerung kann von Regierungen, die die Rahmenbedingungen setzen, erreicht werden, aber auch von Unternehmen, die sich vom Massenprodukt abwenden und sich den wirklichen Bedürfnissen ihrer Kunden zuwenden.

Regierungen sind gefordert, sich der vordergründigen Forderung nach einer permanent wachsenden Wirtschaft zu entziehen und gemeinsam mit den Bürgern nach Alternativen zu suchen, die geeignet sind, »Vollbeschäftigung« und ein hohes Niveau an Lebensqualität für alle Bürger zu erreichen.

Die individuelle Ebene des Konsumenten ist ebenfalls von entscheidender Bedeutung, um ein Zuviel zu vermeiden. Der Überfluss wird dann schädlich, wenn an der (Über-)Befriedigung eines Bedürfnisses die Befriedigung anderer Bedürfnisse, aber auch langfristige Überlebensnotwendigkeiten scheitern und ethische Grundlagen verletzt werden. Suffizienz kann, so gesehen, ein Beitrag zu einem maßvollen und glücklicherem Leben sein: statt materiellen Überflusses Befriedigung immaterieller Bedürfnisse und mehr Gerechtigkeit zwischen Arm und Reich.

Maßnahmen für eine nachhaltige Entwicklung müssen

auch (vgl. Kap. 4) eine andere Organisation von Beschäftigung beinhalten. Aus dem Konzept der Mischarbeit geht hervor, dass ein Arbeitsleben wesentlich mehr umfasst als die (durchaus sehr wichtige) Erwerbsarbeit, die freilich immer weniger wird. Andere Formen, wie das unentgeltliche zivilgesellschaftliche Engagement in Gruppen oder Vereinen, die Versorgung von Angehörigen und Freunden sowie die unabdingbare Zeit für »sich selbst«, für Bildung und persönliche Weiterentwicklung – all diese Arbeiten gehen uns nicht aus. Was anzustreben ist, heißt im Fachjargon »Work-Life-Balance«. Dies zu verwirklichen ist sowohl eine politische und gesellschaftliche Aufgabe wie auch eine Herausforderung für jeden einzelnen Menschen. Eine interessante Studie zu diesem Thema ist *Nicht Nachhaltige Trends* (2006), herausgegeben vom Forum Nachhaltiges Österreich. Dort geht es unter anderem darum, wie ein ausgewogenes Leben zwischen Erwerbsarbeit, Freizeit und Versorgungstätigkeit zu verwirklichen ist.

Eine Umverteilung zwischen Erwerbs- und informeller Arbeit muss durch eine entsprechende Einkommenssicherung begleitet werden. Ein gutes Leben erfordert eine finanzielle Absicherung der informellen Arbeiten in Form einer allgemeinen Grundsicherung. Durch eine Grundsicherung in Form einer negativen Einkommenssteuer können neue Ansätze für Arbeit in einem heute unterversorgten gemeinwohlorientierten Bereich initiiert, realisiert und finanziert werden – wenn auch nur auf vergleichsweise bescheidenem Niveau.

Negative Einkommenssteuer: wie sie funktioniert

Bei der negativen Einkommenssteuer werden, abhängig vom Einkommen, von den Bürgern und Bürgerinnen entweder positive Steuerbeträge eingezogen oder negative Steuerbeträge (also Transfers) ausbezahlt. Mit steigendem Einkommen verringert sich zuerst der gezahlte Transfer sukzessive, um dann an einer Transfergrenze in eine zu zahlende Steuer umzuschlagen. Es handelt es sich um die Kombination eines »garantierten Grundeinkommens«, wie es heute mit der Sozialhilfe bereits besteht, mit dem Steuersystem. Damit kann auch eine Vereinfachung des Systems der sozialen Sicherung vor allem im Bereich der Sozial- und Notstandshilfe sowie des Arbeitslosengeldes erzielt werden.

Derzeit kommt ein Steuersatz (genauer: Transferabbausatz) von 100 Prozent zur Anwendung, wenn beim Bezug von Arbeitslosengeld oder Sozialhilfe ein Teilzeitjob angenommen wird. Das Erwerbseinkommen ist dann oft geringer als vorher das Sozialeinkommen: kein echter Anreiz, Arbeit aufzunehmen. Bei der negativen Einkommenssteuer würde bis zu einer gewissen Grenze ein Teil des Transfers erhalten bleiben, das selbst verdiente Geld würde nur zum Teil besteuert. Dies hätte nicht nur eine unbürokratische soziale Sicherung zur Folge, sondern würde auch bessere Anreize setzen, auch bei einem Bezug von Sozialeinkommen Arbeit aufzunehmen. Darüber hinaus würde auch der Mix zwischen den Arbeitsformen gefördert, weil der Übergang zwischen formeller Beschäftigung und informeller Arbeit durchlässiger wäre (vergleiche etwa Hüther, 1990).

Ein regelmäßiger Einwand gegen eine Verbreiterung,

Vertiefung und die betragsmäßige Erhöhung der Grundsicherung ist das Argument, Einkommen sei überhaupt erst der Anreiz, eine Arbeit aufzunehmen. Dem ist entgegenzuhalten, dass der überwiegende Teil der Arbeit derzeit überhaupt nicht entlohnt, aber dennoch geleistet wird (z. B. Hausarbeit, Versorgung von Kindern und Kranken).

Dennoch ist festzuhalten, dass viele Sinn stiftende Arbeitsmöglichkeiten nicht ergriffen werden, weil die Betroffenen es sich nicht leisten können. Ähnliches gilt etwa für den Übergang in die Selbständigkeit, denn diese unterliegt einem starken Druck, möglichst schnell in die »Gewinnzone« zu kommen.

Richtig ist aber, dass eine Grundsicherung einen gewissen Lohndruck auf Bereiche ausüben würde, in denen Erwerbseinkommen derzeit eher gering sind. Dies gilt nicht nur für Arbeiten, die eine geringe Qualifikation erfordern (wie etwa die Arbeit an der Supermarktkasse), sondern auch für die Betreuung und Erziehung von Kindern sowie die Pflege von Kranken und Alten.

Die Umsetzung auf politischer Ebene

Warum ist es so schwierig, eine nachhaltige Entwicklung anzustoßen? Was muss getan werden, welche Instrumente stehen zur Verfügung? Es gibt mindestens zwei verschiedene Ebenen, auf denen die Umsetzung erfolgen muss. Wir unterscheiden hier eine kollektive und eine individuelle Ebene. Beginnen wir mit der kollektiven, der politischen Ebene.

Unser Gesellschaftssystem ist permanent im Fluss. Für Entscheidungsträger in Politik, Verwaltung, Wirtschaft und zivilgesellschaftlichen Organisationen wird es zunehmend schwieriger, ihre Anliegen und Interessen in einer komplexer werdenden Welt durchzusetzen und ihnen Gehör zu verschaffen. Alte Steuerungselemente wie etwa die hierarchische Raumplanung oder Regieren durch Ver- und Gebot können den neuen Anforderungen immer weniger gerecht werden und verlieren immer mehr an Bedeutung.

Um kollektive, politische Handlungsebenen darzustellen, wurde der englische Begriff *governance* geprägt. Man versteht darunter im breitesten Sinne jene Regelmechanismen, über die soziopolitische Systeme gelenkt werden.

Die Bedingungen für eine Steuerung der gesellschaftlichen Entwicklung ändern sich mit zunehmender Geschwindigkeit. Die Weltwirtschaft organisiert sich global, was zu vermehrter Einflussnahme von globalen Konzernen und marktwirtschaftlicher Steuerung führt. Auch Nicht-Regierungs-Organisationen vernetzen sich zunehmend global. Lokale Akteure finden sich in einem weltweiten Kontext wieder, viele agieren auf globaler ebenso wie auf lokaler Ebene. Viele Problembereiche sind zudem nicht an nationale Grenzen gebunden: Die Problem- und Steuerungsebenen driften auseinander, Nationalstaaten stehen vor der Aufgabe, Lösungen für Probleme zu finden, die vor Ländergrenzen nicht Halt machen, wie das auch bei Umweltproblemen der Fall ist. Was also sind die konkreten Handlungsebenen aller Akteure, die unter dem Begriff *governance* zusammengefasst werden?

Global Governance – Weltordnungspolitik: Unter dem Begriff *Global Governance* werden Konzepte für eine neue Weltordnungspolitik diskutiert. Immer häufiger stellt sich die Frage, ob nicht globales Regieren in Zeiten der Globalisierung aufgewertet werden muss. Eine Multi-Ebenen-Vernetzung, flexible Steuerung und Subsidiarität sind die entscheidenden Gestaltungskriterien eines sich herausbildenden Global-Governance-Konzepts. Der Nationalstaat soll nicht ersetzt, sondern zu einem Koordinierungsstaat transformiert werden.

Es geht also darum, den globalen Wandel politisch zu gestalten – mit der Idee, die Chancen der Globalisierung für alle Menschen und unsere Mitwelt zu optimieren, ihre Risiken zu minimieren und existierende Fehlentwicklungen zu korrigieren. Eine interessante Studie, herausgegeben vom Forum Nachhaltiges Österreich (2006) geht davon aus, dass dies freilich nur über eine Transformation der herrschenden Machtasymmetrien gelingen kann, die den Aufbau einer globalen Partnerschaft zur Lösung der globalen Probleme behindern. Wenn es der Zweck der Wirtschaft sei, dem Weltgemeinschaftswohl zu dienen und die Entfaltung, Erhaltung und Sicherung des Lebens zu ermöglichen, dann brauche es entsprechende Rahmenbedingungen, wie sie etwa im ordnungspolitischen Konzept der ökosozialen Marktwirtschaft und des Globalen Marshallplans (siehe oben) vorgeschlagen werden. Global Governance meint aber nicht nur das Setzen neuer Rahmenbedingungen und die verdichtete Zusammenarbeit in internationalen Organisationen, sondern einen breit angelegten, dynamischen Prozess der Konsens- und Entscheidungsfindung.

Die nationale und die EU-Ebene: Die Hauptfrage bei allen Diskussionen um Governance im öffentlichen Sektor ist die Suche nach einer neuen Rolle der Nationalstaaten, der Regionen und der EU. Ein immer noch wichtiger Beitrag der EU-Kommission zum Thema Governance ist das Papier *Europäisches Regieren. Ein Weißbuch* (2001). Darin werden die Wünsche der Kommission bezüglich der Neugestaltung von Governance innerhalb der EU sowie die Beiträge, die die Mitgliedsstaaten leisten können, verdeutlicht. Fünf politische Prinzipien, denen das Konzept maßgeblich folgen soll, werden vorgestellt: Offenheit, Partizipation, Rechenschaftspflicht, Effektivität und Kohärenz. Die drei Schlüsselvorschläge für Veränderungen sind:

- stärkere Involvierung der Bevölkerung in Entscheidungen auf allen Ebenen
- größere Flexibilität der angewendeten Instrumente
- größerer Zusammenhang von Politiken.

Die EU möchte vor allem Probleme wie Politikverdrossenheit und die Wahrnehmung der politischen und administrativen EU-Institutionen als vom täglichen Leben abgehobene Institutionen mit neuen Steuerungsansätzen lösen. Die Integration der Wirtschaft wie auch die Marktliberalisierung der einzelnen Nationalstaaten in der EU führen aber zu verminderter Einflussnahme der Regierungen auf ihre nationale Wirtschaft. Nationalstaaten stehen vor der Herausforderung, sich trotz ihrer geringer werdenden Durchsetzungskraft sowohl international als auch auf nationaler Ebene neu positionieren zu müssen.

Ein glückliches Europa?

Das »Glück der Menschen« könnte ein übergeordnetes Ziel für ein »neues« Europa sein – ähnlich wie es schon das »alte« Amerika in seiner Unabhängigkeitserklärung formuliert hat. Diese Erklärung, auf der die amerikanische Verfassung beruht, postuliert: »... dass alle Menschen gleich geboren; dass sie von ihrem Schöpfer mit gewissen unveräußerlichen Rechten begabt sind; dass zu diesem Leben Freiheit und das Streben nach Glück gehöre.«

Seit den ablehnenden Referenden über den Entwurf einer Verfassung für die Europäische Union in Frankreich

und den Niederlanden ist immer wieder der Vorschlag zu
hören, eine für die Mehrheit der Europäer akzeptierbare
Verfassung müsse viel kürzer sein und wesentliche Anliegen der Menschen treffen. Im Kern könnte es darum gehen, Rahmenbedingungen zu schaffen, unter denen die
Menschen in Europa – aber auch in anderen Teilen der Welt
– ihr Glück bestmöglich verfolgen können.

Anstatt gemeinsam nach vorne zu blicken und die tief
greifenden Probleme anzugehen, üben sich Staatsmänner
(und wenige Frauen) aller politischen Lager in gegenseiti-
gen Schuldzuweisungen, wer oder wessen Politik an der
Misere, vor allem der hohen Arbeitslosigkeit, schuld sei. So
werden Arbeiter gegen Bauern ausgespielt, Arbeitslose
gegen Unternehmen, Wirtschafts- gegen Umwelt- und So-
zialpolitik.

Aus dieser Sicht wäre es die Aufgabe von Entscheidungsträ-
gern in Politik, Verwaltung und Wirtschaft, die Menschen in
ihren jeweiligen Bereichen dabei zu unterstützen, Lebenszufriedenheit zu erlangen und ihre Persönlichkeit zu entfalten.
Neben der Förderung individueller Fähigkeiten gehört dazu
die Erstellung und Aufrechterhaltung der für das Überleben
notwendigen natürlichen und sozialen Systeme. Das Glück
aller Menschen sollte möglichst groß und gerecht verteilt sein
– innerhalb einer Generation und über einen längeren Zeitraum für viele weitere Generationen. Arbeit und Einkommen
sind dabei nur Mittel zum Zweck. Das entspricht dem Postulat
der Nachhaltigkeit: Ökologie, Ökonomie und Soziales auf hohem Niveau zu vereinbaren; vergleiche dazu die Strategie für
eine nachhaltige Entwicklung, die von den europäischen
Staats- und Regierungschefs beim Gipfel von Göteborg 2001
beschlossen und 2006 grundlegend überarbeitet wurde.

Ein erster Schritt in diese Richtung wurde mit der Verabschiedung der europäischen Nachhaltigkeitsstrategie durch die 25 Staats- und Regierungschefs der EU im Juni 2006 auch getan. Darin heißt es: »Das Gesamtziel der neuen EU-Strategie für nachhaltige Entwicklung besteht darin, Maßnahmen zu ermitteln und auszugestalten, die die EU in die Lage versetzen, eine kontinuierliche Verbesserung der Lebensqualität sowohl der heutigen als auch künftiger Generationen zu erreichen, indem nachhaltige Gemeinschaften geschaffen werden, die in der Lage sind, die Ressourcen effizient zu bewirtschaften und zu nutzen und das ökologische und soziale Innovationspotenzial der Wirtschaft zu erschließen, wodurch Wohlstand, Umweltschutz und sozialer Zusammenhalt gewährleistet werden.«

Die lokale Ebene: Gerade die lokale Ebene von Governance ist in den letzten Jahren zu einem vielfältigen Experimentierfeld geworden. Anstrengungen, Politik und Steuerungsinstrumente, wie etwa Raumplanung als stark hierarchisches Instrument, durch Partizipation (die Teilhabe der Bevölkerung an Entscheidungsprozessen) bis hin zur Umweltmediation an die geänderten Anforderungen anzupassen, wurden und werden in großem Ausmaß unternommen. Dabei spielt auch die zunehmende Globalisierung eine Rolle. Entscheidungen, die auf lokaler oder regionaler Ebene getroffen werden, haben Einfluss auf andere, weit entfernte Entscheidungsebenen und umgekehrt. Ebenso handeln Akteure oftmals nicht nur auf lokaler, sondern auch auf (über)regionaler und globaler Ebene. Zu Global Governance und Governance auf nationaler sowie EU-Ebene, die meist in umwelt- oder wirtschaftspolitischen Zusammenhängen diskutiert werden, kommt bei lokaler Governance insbesondere noch der Raumbezug hinzu. Gerade die regionale Ebene ist eine zentrale Kategorie für Operationalisierung und Umsetzung von Governance in nachhaltige Entwicklung. Die Raumbezüge sind veränderlich, und der Begriff Region kann den aktuellen Bedürfnissen oder Problemen, die es zu lösen gilt, angepasst werden. Auf dieser Governance-Ebene gibt es eine Vielzahl von Ansätzen (z. B. Prozesse der lokalen Agenda 21), die in den letzten Jahren vermehrt von Politik und Verwaltung erkannt wurden und zur Ausbildung neuer Governance-Strukturen geführt haben.

Stärkung der Zivilgesellschaft: Die Aufwertung der Zivilgesellschaft in Bezug auf eine nachhaltige Entwicklung findet allgemeine Zustimmung. Dieser Trend begann mit den neuen Netzwerken und Bewegungen, die sich abseits traditioneller politischer Bewegungen formierten. Eine starke Zivilgesellschaft dient einer besseren Balance zwischen schwächer werdenden Nationalstaaten und einer starken Wirtschaft.

Nichtregierungsorganisationen spielen bei der Erstarkung der Zivilgesellschaft eine besondere Rolle. Ihre wichtigste Eigenschaft und ihr größtes Kapital, sei es nun Greenpeace oder eine lokale Bürgerinitiative, sind die Unabhängigkeit von politischen Institutionen und Lobbyisten der Wirtschaft. Trotz der großen Bedeutung, die eine aktive Zivilgesellschaft und bürgergesellschaftliches Engagement für die Gesellschaft bereits jetzt schon haben, stecken noch viele Entfaltungsmöglichkeiten in ihnen. Bessere Information, besserer Austausch zwischen den verschiedenen Gruppen und eine stärkere Mobilisierung könnten zu einer noch wesentlich stärkeren Zivilgesellschaft führen.

Transitionsmanagement: Nachhaltige Entwicklung bedeutet Veränderung, Dynamik und gesellschaftlicher Wandel. Mit anderen Worten: Transition. In dieser Hinsicht ist die Umsetzung des Leitbildes »Nachhaltigkeit« auch eine funda-

mentale Transition unserer augenblicklichen Konsum-, Pro-
duktions- und Entscheidungsmuster.

Eine gesellschaftliche Transition basiert auf der Dynamik
von miteinander verbundenen Veränderungen, beispielsweise
auf den oben beschriebenen, verschiedenen gesellschaftspoli-
tischen Handlungsebenen – nicht nur in Bezug auf politische
Handlungs- und Entscheidungsmuster. So eine Dynamik ruht
auch auf miteinander in Beziehung stehenden Veränderungen
im Bereich Technologie, Wirtschaft, Institutionen, Verhalten,
Kultur, Wertesysteme oder ökologische Rahmenbedingungen. Die Herausforderungen für politische Intervention und
gesellschaftliche Steuerung sind in diesem Kontext die verschiedenen Abhängigkeiten von sozioökonomischen Systemen und die damit verbundenen Unsicherheiten für die Entscheidungsfindung. Denn durch die Komplexität und gegen-
seitigen Abhängigkeiten der verschiedenen Systeme kann nie
genau vorhergesagt werden, welche Wirkungen durch welche
Maßnahmen hervorgerufen werden können.

Transitionsmanagement bedeutet einen kollektiven und
kooperativen Versuch, nachhaltigen gesellschaftlichen Wandel im Sinne flexibler und schrittweiser Prozesse zu fördern
und die interaktive Dynamik sozioökonomischer Wechselbeziehungen, systemischer Innovation und sozialer Visionen zu
nützen. Für die Möglichkeiten gesellschaftlicher Steuerung
und Governance bedeutet Transitionsmanagement weder traditionelle Ansätze noch pure marktkonforme Mechanismen
ökonomischer Effizienzsteigerung. Wie seit kurzem erfolgreich in den niederländischen Umwelt- und Industriepro-
grammen angewandt, zielt Transitionsmanagement auf die
gesamtgesellschaftliche Integration ab und bezieht sich auf
den soziokulturellen, wirtschaftlichen und institutionellen
Wandel (siehe Voß et al. 2006).

Governance wird so ein offener Lern- und Gestaltungs-
prozess, der sich auf allen gesellschaftlichen Ebenen wider-
spiegelt.

Hinter dem Begriff Transitionsmanagement verbirgt sich ein
Multi-Level-Govenance-Modell, das die Umsetzung von
Nachhaltigkeitsstrategien auf allen relevanten Ebenen in kon-
kreten Bereichen wie Energie oder Verkehr fördert. Wichtige
Elemente des Modells sind:

- die Verwendung von strategischen Experimenten
- die Formulierung von langfristigen Zielen und Szenarien
- iterative und interaktive Prozesse der Entscheidungsfindung.

Der transdisziplinäre Dialog: Die industrialisierten Nationen
verfügen über sehr viel Informationen, technologische Möglichkeiten und finanzielle Mittel, um Armut, Ungleichheiten
und Umweltzerstörung überwinden zu können. Aber sie sind
offenbar (noch) nicht in der Lage, diese Informationen und
Mittel in konstruktives Handlungswissen umzuwandeln.
Warum? Ein Grund liegt wohl im gesellschaftlichen Dialog aller beteiligten Akteure. Dieser Dialog darf nicht nur innerhalb
der spezifischen Fachgruppen in ihrem jeweiligen »Elfenbein-
turm« geführt werden. Eine nachhaltige Gesellschaft bedarf
eines transdisziplinären Dialogs.

Unter Transdisziplinarität versteht man die übergreifende
Zusammenarbeit zwischen Wissenschaft und nichtwissenschaftlichen Akteuren aus der Praxis. Dazu gehören Entscheidungsträger aus Wirtschaft und Politik, aber auch betroffene
Laien. Transdisziplinäre Zusammenarbeit basiert auf Dialog
und Kooperation; die Teilnehmer eines solchen Dialogs sollen
sich »auf gleicher Augenhöhe« befinden. Der Dialog oder die

Kooperation muss so organisiert sein, dass jeder Teilnehmer dieselben Möglichkeiten haben soll, seinem Ansinnen Ausdruck zu verschaffen.

Transdisziplinäre Prozesse sind jedoch oft sehr schwierig – aufgrund sehr unterschiedlicher Ziele, Methoden, Werte oder einfach nur unterschiedlicher Formen der Sprache. Daher bedarf es der Fähigkeit von Personen, die einen kritischen Dialog initiieren und fördern können. Ein aktiver Dialog zwischen allen Betroffenen und Interessierten hat im Sinne der Nachhaltigkeitsidee viele Vorteile, damit zumindest langfristig ein Teil der Verantwortung für Risiken und Chancen der Globalisierung und Modernisierung von mehreren Teilen der Gesellschaft getragen wird.

Nachhaltigkeitswissenschaft: In der »Agenda 21«, die auf dem Weltgipfel in Rio de Janeiro entstand (siehe Kap. 1), ist die Rolle von Wissenschaft und die Notwendigkeit ihrer Anwendung für eine nachhaltige Gesellschaft skizziert worden. Dort wird auch erklärt, dass nachhaltige Entwicklung ohne Nachhaltigkeitswissenschaft keine Chance auf Umsetzung hat.

Nachhaltigkeitswissenschaft kann folgendermaßen charakterisiert und von traditionellen Wissenschaften unterschieden werden:

- Die Prinzipien von nachhaltiger Entwicklung definieren neue Rollen für Nachhaltigkeitswissenschaftlerinnen und -wissenschaftler. Die Wissenschaftler und Wissenschaftlerinnen werden so etwas wie Initiatoren, Moderatoren und Koordinatoren von Veränderung. Sie sollen als Mediatoren für Entscheidungsfindungen agieren, als Kommunikatoren, als Lehrer und Schüler wie als Multiplikatoren von Wissen. Diese Art von Wissenschaft muss sehr handlungsorientiert sein.

- Nachhaltigkeitsorientierte Wissenschaft und Forschung muss integraler Bestandteil des gesellschaftlichen Entwicklungsprozesses sein. Dies setzt voraus, dass die entsprechenden Forschungsziele jenen der Nachhaltigkeit entsprechen.
- Nachhaltigkeitsorientierte Forschung ist sehr weitläufig und vielschichtig, ihre Ergebnisse sind daher ebenfalls viel breiter als die konventionelle Forschung (Ergebnisse konventioneller Forschung sind zum Beispiel »neue Theorien«, Daten, Modelle, Informationen und Publikationen). Zusätzlich zu solchen Ergebnissen beinhaltet nachhaltigkeitsorientierte Wissenschaft auch noch weitere neuartige Ergebnisse, die die Schaffung von human-, sozial-, und institutionellem Kapital fördern sollen.

Dies alles bedeutet auch eine neue Art der Kommunikation, Entscheidungsfindung und Risikoanalyse, ein neues Management von Unsicherheiten und ein neues Procedere für Qualitätssicherung bei der Entwicklung von Entscheidungsfindungen.

Corporate Citizenship: Der Globalisierungsprozess der letzten Jahre führte mit der Liberalisierung der Finanzmärkte und des Handels zu einem Anstieg wirtschaftlicher (nicht unbedingt unternehmerischer) Tätigkeiten. Durch die internationalen Verflechtungen der Finanzmärkte steigt auch die Zahl der beteiligten oder betroffenen Akteure: Regierungen, Nicht-Regierungs-Organisationen, Zulieferer, die beteiligte Bevölkerung. Sie alle stellen so genannte »Anspruchsgruppen« dar. Ebenso treten neben der ökonomischen Gewinnorientierung auch soziale und ökologische Kriterien ins Blickfeld. Corporate Citizenship beschreibt Unternehmen als Mitglieder der Gesellschaft, die sich ihrem gesellschaftlichen Gegenüber verantwortungsbewusst verhalten sollen. Da alle Unternehmen Einfluss auf die lokale und regionale Gesellschaft nehmen, können sie diesen Einfluss in einer Art und Weise geltend machen, dass sowohl die umliegende Bevölkerung als auch das Unternehmen selbst profitieren. Erfolgreiches Corporate Citizenship hängt davon ab, ob ein Unternehmen ein zusammenhängendes Konzept für sein Engagement entwirft, Projekte partnerschaftlich realisiert, die Bemühungen im Unternehmen selbst breit verankert und das Engagement langfristig und nachhaltig anlegt. Corporate Citizenship kann daher als Beitrag zur nachhaltigen Entwicklung gesehen werden.

Corporate Citizenship ist eng mit dem Begriff Corporate Social Responsibility verwoben, der besagt, dass ein Unternehmen für seine Mitarbeiter und deren Familien, für die lokale Gemeinde sowie die Gesellschaft als Ganzes eine Verantwortung trägt. Durch diese umfassende Konzeption werden trotz des sozialen Schwerpunktes ökologische Faktoren mit einbezogen. Community Investment gehört dabei zu einer nach außen sichtbaren Formen von Corporate Social Responsibility.

Die Umsetzung auf individueller Ebene

Traditionelle Formen von Religionszugehörigkeit, Parteienzugehörigkeit, Familie oder andere Werte werden gegenwärtig zusehends gegen einen ausgeprägten Individualismus eingetauscht. Das hat viele Vorteile, vor allem durch mehr Entscheidungsfreiheiten für den persönlichen Lebensstil. Es hat aber auch viele Nachteile. Der Soziologe Lord Ralf Dahrendorf bezeichnet diese sehr treffend als Orientierungslosigkeit in einer haltlosen Welt. Das Konzept der nachhaltigen Ent-

wicklung liefert gute Vorschläge, diese Orientierungslosigkeit
in eine neue Zielgerichtetheit umzuwandeln und dabei sowohl den Individualismus wie auch Werte schaffende Grundsätze zu fördern. In dem Konzept der »Lebensqualität« verbinden sich normative Vorgaben von nachhaltiger Entwicklung mit einer freudvollen und friedlichen Suche nach neuer
Orientierung in einer guten und lebenswerten Welt. Lebensqualität und nachhaltige Entwicklung sind also sehr eng miteinander verwobene Begriffe.

Laut einer von Ernst Gehmacher – dem Leiter von BOAS
(Büro für die Organisation angewandter Sozialforschung in
Wien), der als Wissenschaftler und österreichischer OECD-
Delegierter des Projektes »Measuring Social Capital« impuls-
gebend für einen breiten öffentlichen Diskurs im Bereich Sozialkapital und Nachhaltigkeit war – zitierten Umfrage unter
Nachhaltigkeitsexperten ist die Zahl derer, die sich konkret
nachhaltig verhalten, heute noch relativ gering. Anderen Untersuchungen zufolge haben 20 bis 25 Prozent der amerikani-
schen wie auch der europäischen Bevölkerung Einstellungen,
Werte und Lebensstile, die Umwelt, Beziehungen, Frieden
und Gerechtigkeit höher halten als die Mehrheitsbevölkerung
in diesen Ländern (siehe www.culturalcreatives.org). Ihr Problem: Sie wissen zu wenig übereinander und damit auch über
ihre eigentliche gesellschaftliche Bedeutung. Denn 20 bis 25
Prozent der Bevölkerung sind nicht nur politisch, sondern
auch wirtschaftlich ein nicht mehr zu vernachlässigender Faktor. Solange dieser in den Massenmedien und damit im öffentlichen Bewusstsein nicht ausreichend Gehör findet, ist das
neue Medium Internet möglicherweise geeignet, sich über die
eigenen (oder gemeinsamen) Anliegen zu verständigen und
so an Einfluss zu gewinnen.

Dass es nicht so leicht ist, Suffizienz und Nachhaltigkeit auf der individuellen Ebene umzusetzen, wissen auch Nachhaltigkeitsforscherinnen und Nachhaltigkeitsforscher. Eingebettet in ein durch und durch unnachhaltiges Umfeld, hervorgerufen durch zeitlichen Stress, berufliche Verpflichtungen und damit einhergehenden Mobilitätserfordernissen, verwenden auch sie Flugzeug und Auto, um von Termin zu Termin zu hetzen. Doch im Prinzip kann jeder damit beginnen, für sich selbst Nachhaltigkeit Wirklichkeit werden zu lassen. Und zwar schon heute.

Einige Tipps für einen nachhaltigen Lebensstil

Die Autorinnen und Autoren dieses Buches möchten hier einige Möglichkeiten aufzeigen, die zu einem nachhaltigen Lebensstil in unserer industrialisierten Welt beitragen können. Dabei handelt es sich keinesfalls um eine vollständige Liste oder um »fertige« Vorschläge. Es geht uns darum zu zeigen, dass es im Grunde gar nicht so schwer ist, nachhaltiger zu leben. Es erfordert »bloß« ein rudimentäres Wissen über Handlungsmöglichkeiten, ein Verständnis der Probleme dieser Zeit sowie den Wunsch nach einer nachhaltigeren Lebensweise. In diesem Sinn sind die folgenden Tipps als Dialogvorschlag zu verstehen, den wir gerne mit den Lesern und Leserinnen dieses Buches weiterführen möchten.

Ernährung: Das private Konsumverhalten ist ein Schlüsselfaktor auf dem Weg zur nachhaltigen Entwicklung. Am Beispiel Ernährung kann exemplarisch dargestellt werden, wie ein nachhaltiger Lebensstil verwirklicht werden kann.

Lebensmittelskandale – von BSE-Fleisch über pestizidverseuchtes Gemüse – lassen die Zweifel über unsere Ernährung wachsen. Folge: Bio-Lebensmittel erfreuen sich immer größerer Beliebtheit. Ernährung fängt beim Einkauf an und hört mit der Entsorgung der Verpackungen und der übrig gebliebenen Lebensmittel auf. Es ist unsere Entscheidung, ob wir Fertiggerichte mit Zutaten, die aus fernen Ländern kommen, kaufen. Beim Einkauf sollte man einfach darauf achten, regionale und biologische Produkte zu kaufen, die sowohl bei der Herstellung als auch beim Transport die Umwelt möglichst wenig belasten und deren Herstellung andere Menschen nicht in unzumutbare Arbeitsbedingungen zwingt. Jeder hat die Möglichkeit, fair gehandelte Produkte zu kaufen – auch wenn sie etwas mehr kosten. Fair-Trade-Produkte garantieren, dass die Produzenten eine gewisse soziale und gesundheitliche Absicherung besitzen, und leisten so einen kleinen Beitrag zum Kampf gegen die Armut in Entwicklungsländern.

Unsere Ernährungsgewohnheiten bleiben nicht ohne Folgen für unsere Umwelt, für die Menschen und unsere Gesundheit. Wie der Transport von international gehandelten Lebensmitteln und Konsumgütern die Umwelt und die Gesellschaft belastet, ist leicht nachvollziehbar.

Wasser: Das wichtigste Gut des Lebens ist in vielen Regionen der Welt knapp geworden. Schon heute haben 1,2 Milliarden Menschen weltweit keinen Zugang zu sauberem Trinkwasser. Der zunehmende Eintrag von Schadstoffen in unsere Umwelt ist die Hauptursache von verschmutztem Wasser. Auch in wasserreichen Gebieten muss schonend mit dieser lebenswichtigen Ressource umgegangen werden. Wasser kann nicht nur direkt, sondern auch indirekt eingespart werden. Die Ressourceneinsparungen durch verringerten Fleischkonsum sind erheblich: Die Produktion von 1 Kilogramm importierten Rindfleischs, so Mauser, benötigt 35 000 bis 70 000 Liter Wasser. Was wir essen, hat damit auch unmittelbare Folgen für den Verbrauch von Wasser in zum Teil weit entfernten Regionen.

Mobilität: In unserer globalisierten, schnelllebigen Zeit sind die meisten von uns viel unterwegs. Aber auch wenn wir selbst nicht mobil sind, können wir durch unsere Kaufentscheidungen (siehe oben) Verantwortung tragen, ob das Transportaufkommen insgesamt steigt oder nicht. Ob wir uns zu Fuß, mit dem Rad, mit Bus oder Bahn, dem Auto oder dem Flugzeug fortbewegen – die Wahl des Verkehrsmittels ist entscheidend, wenn es um Klimaschutz und saubere Luft geht (siehe Wagner). Am umweltfreundlichsten ist es natürlich, zu Fuß zu gehen, Rad zu fahren oder öffentliche Verkehrsmittel zu benutzen. Auch wenn es um die Freizeit und Erholung geht, sind der eigene PKW oder das Flugzeug keine nachhaltigen Verkehrsmittel. Flugverkehr und der motorisierte Individualverkehr gelten als die größten Klimakiller – mit all den bekannten Folgeerscheinungen.

Energie: Energie ist zum Tagesthema geworden. Die Informationsgesellschaft hat dazu geführt, so Wagner, dass Haushalte und Unternehmen mit einer Vielzahl von Haushalts-, Informations- und Bürogeräten ausgestattet sind (Audio- und Videogeräte, Fernseher, Kamera, Telefone, PC-Zubehör und Kaffeemaschinen). Zur Erhöhung des Komforts werden sie, technisch gesehen, nicht vollständig abgeschaltet, sondern laufen in vielen Fällen im Leerlauf (Stand-by). Ladegeräte bleiben in der Steckdose, auch wenn kein Mobiltelefon aufgeladen wird. Der Bereitschaftsverbrauch eines einzelnen Gerätes ist gering. Wenn jedoch Millionen Geräte in Bereitschaft sind, ist die gesamte dafür benötigte elektrische Energie sehr groß. Obwohl das Einsparpotenzial schon länger bekannt ist, zeigen jüngere Untersuchungen, dass in Deutschland immer noch 18 Terawattstunden (TWh), das sind 3 Prozent der ge-

samten Stromerzeugung, für diese Leerlauf- und Bereit-
schaftszeiten verwendet werden. Diese Strommenge entspricht der Hälfte dessen, was alle installierten Windanlagen
im Jahre 2005 in Deutschland an Strom erzeugten, oder der
Stromerzeugung von zwei Kernkraftwerken. Selbstverständlich ist es nicht möglich, diese Leerlaufverluste ganz zu beseitigen. Ein PC oder ein Drucker kann zwischen zwei Ar-
beitsgängen nicht abgeschaltet werden. Fernseher und Audio-
geräte dagegen könnten über Nacht vom Netz genommen
werden, ebenso Ladeteile, die nicht benötigt werden. Untersuchungen von Dietmar Kraus et al. belegen, dass etwa 40 Prozent des oben genannten Stromverbrauchs durch bewussteren Umgang mit Strom eingespart werden könnten.

Global denken – lokal handeln: Im Alltag leben wir meist
mit Menschen unterschiedlicher Herkunft zusammen – sei es
in der Schule, im Wohnbezirk oder am Arbeitsplatz. Dieses
Zusammenleben bereichert unser Leben, auch wenn es
manchmal eine Herausforderung für Offenheit, Toleranz und
Verständnis darstellt. Es fordert eben den Dialog – den Austausch mit den Mitmenschen. Um einen nachhaltigen Lebensstil zu führen, ist es eine unabdingbare Voraussetzung,
über den eigenen Tellerrand hinauszuschauen, in dem Wissen, dass die Erde ein System ist, dem wir alle angehören, und
dass das Verhalten jedes Einzelnen immer Folgen hat – nachhaltige oder nicht nachhaltige.

Glossar

Ammoniak: Ammoniakemissionen (NH_3) sind primär für die Bildung versauernder (= eutrophierender) Schadstoffe verantwortlich. Die Landwirtschaft ist Hauptverursacher der Ammoniakemissionen.

Biodiversität: Das Wort bezeichnet die Vielfalt der Lebewesen auf der Erde und umfasst die Vielfalt innerhalb von Arten (z. B. genetische Unterschiede zwischen Individuen und Populationen), zwischen Arten sowie die Vielfalt von Lebensgemeinschaften und Ökosystemen.

Biosphäre: Die Teile der Erde und ihrer Atmosphäre, in denen Leben möglich ist. Sie umfasst die lebenden Organismen (Pflanzen und Tiere) und andere organische Materie, z. B. Abfälle (siehe auch *Ökosphäre*).

Dematerialisierung ist das Konzept, Güter und Dienstleistungen in Zukunft mit einem weit geringerem Einsatz von Material herzustellen, als dies heute der Fall ist.

Effizienz: Generell geht es darum, ein bestimmtes Ergebnis mit weniger Einsatz von Arbeit, Ressourcen etc. zu erreichen.

Erdtemperatur: Die mittlere Erdtemperatur wird als Indikator für die Erwärmung aufgrund der Klimaänderung verwendet. Sie ist das Resultat eines Gleichgewichts zwischen Einstrahlung von Wärmeenergie durch die Sonne (im kurzwelligen Bereich) und Abstrahlung der Wärme von der Erde (im langwelligen Spektralbereich).

Eutrophierung (= Versauerung): bezeichnet einen Anstieg der Nährstoffzufuhr (Trophierung) meist in Gewässern. Durch diesen Anstieg verändert sich die Trophiestufe des Gewässers (von *oligo-*

troph über *mesotroph* zu *eutroph* und *hypertroph*) und damit auch der Aufbau des Ökosystems.

FCKW: Abkürzung für Fluorchlorkohlenwasserstoffe. FCKWs sind in hohem Maße für die Zerstörung der Ozonschicht verantwortlich, da sie in der Atmosphäre in großer Höhe vom energiereichen Sonnenlicht gespalten werden und Chlorverbindungen entstehen, die das Ozon angreifen und zerstören (Ozonloch).

Flüchtige organische Verbindungen ohne Methan (NMVOC) werden größtenteils durch die Verdunstung von Lösungsmitteln und Treibstoffen sowie durch unvollständige Verbrennungsvorgänge emittiert. Einen nicht unbeträchtlichen Beitrag liefern auch biogene Quellen, hier vor allem der Wald. Diese Stoffgruppe ist vor allem aufgrund ihres Beitrags zur Ozonbildung in der Troposphäre (bodennahe Schicht der Atmosphäre) von Bedeutung.

Fragmentierung des Waldes: Zerstückelung und Zerschneidung von Wäldern durch Straßen und Bahnlinien, aber auch durch Siedlungsflächen, Betriebsgebiete etc. führen zu ökologischen Trenn- und Barrierewirkungen, Isolation und Inselbildung von Wildlebensräumen. Besonders schwer wiegende Folgen sind die Unterbrechung von Wander- und Ausbreitungskorridoren und (Fern-)Wechseln und die Verhinderung der Migration von Tieren.

Gesellschaftlicher Stoffwechsel beschreibt den Austausch von Material und Energie zwischen gesellschaftlichen Systemen (einer Stadt oder eines Landes) und der Natur (siehe auch *Ökoeffizienz*).

Globalisierung ist der Prozess einer zunehmenden internationalen Verflechtung zwischen den verschiedenen Weltregionen, der vor allem die Wirtschaft, aber auch Bereiche wie Politik, Kultur und Umwelt betrifft. Die Globalisierung wird vor allem durch Fortschritte in den Kommunikations- und Transporttechniken sowie durch die Liberalisierung des Welthandels vorangetrieben.

Glück (im Sinne von »glücklich sein«; nicht im Sinne von »Glück haben«, engl. *happiness*, nicht *luck*) bedeutet letztlich einen dauerhaft aufrechterhaltbaren Zustand positiver Emotion. Das Glück der Menschen ist in verschiedener Weise messbar. Vermögen und

Einkommen sind demnach nur eine Determinante des Glücks. Daneben spielen vor allem Quantität und Qualität familiärer und gesellschaftlicher Beziehungen, Gesundheit, das politische Umfeld (Demokratie), spirituelle Werte und die Erreichbarkeit selbstgesteckter Ziele eine wesentliche Rolle. Siehe auch *Well-being.*

Governance: Darunter versteht man im breitesten Sinne jene Regelmechanismen, über die soziopolitische Systeme (wie etwa ein Staat, eine Region oder eine Gemeinde) gelenkt werden. Dabei kommen unterschiedliche Koordinationsmechanismen zum Einsatz. Hierarchische Steuerungsmechanismen durch den Staat (zum Beispiel durch Steuererhebung) erfahren zurzeit etwas geringer werdende Bedeutung. Heute sind auch Netzwerke als Governance-Mechanismen erkannt worden. Dabei versuchen (über-)staatliche Institutionen, mit privatwirtschaftlichen Organisationen und zivilgesellschaftlichen Vereinigungen auf inhaltlich-politischer Ebene zusammenzuarbeiten und den entsprechenden Politikbereich damit zu steuern. Die Rolle des Staates ist dabei auch die Schaffung der dafür geeigneten Rahmenbedingungen.

Grüne Gentechnik: Gentechnik ist die Nutzanwendung von Methoden und Forschungsergebnissen der Molekularbiologie. Grüne Gentechnik basiert darauf, dass Gewebestücke oder sogar einzelne Zellen einer Pflanze sich zu vollständigen Organismen ›regenerieren‹ können. Mit der grünen Gentechnik können Gene oder Genkombinationen auch über Kreuzungsbarrieren hinweg auf Pflanzen übertragen werden. Durch die Verwendung geeigneter Steuerelemente kann die Ausprägung gentechnisch vermittelter Merkmale in der Empfängerpflanze gezielt programmiert werden.

Interdisziplinarität bedeutet die übergreifende Zusammenarbeit zwischen Akteuren unterschiedlicher wissenschaftlicher Disziplinen.

Invasive Arten werden auch als Neobiota bezeichnet. Es handelt sich hierbei um Arten, die in ein Gebiet ohne direkten oder indirekten Einfluss des Menschen gelangt sind, in dem sie natürlicherweise nicht vorkommen. Man unterscheidet fremde Pflanzen (Neophyten) und Tiere (Neozoen). Diese können zu Problemen führen, da sie bestehende Arten ausrotten können, indem sie deren Nahrungsgrundlage entziehen oder das Gleichgewicht eines Ökosystems auf andere Weise stören können.

Kohlendioxid (CO_2) ist ein farb- und geruchloses Gas, das als natürlicher Bestandteil der Luft in der Atmosphäre vorkommt. Emissionen von CO_2, die bei der Verbrennung von fossilen Energieträgern (Kohle, Erdöl, Gas) entstehen, sind heute die wichtigste Ursache für den vom Menschen verursachten Klimawandel.

Kyoto-Protokoll: Das Kyoto-Protokoll wurde 1997 von der 3. Vertragsstaatenkonferenz der Klimarahmenkonvention angenommen. In dem Protokoll verpflichten sich die Industriestaaten, ihre gemeinsamen Emissionen der wichtigsten Treibhausgase im Zeitraum 2008 bis 2012 um mindestens 5 % unter das Niveau von 1990 zu senken. Dabei haben die Länder unterschiedliche Emissionsreduktionsverpflichtungen akzeptiert.

Mischarbeit ist ein Sammelbegriff für alle Formen der Arbeit. Sie enthält neben der Erwerbsarbeit (selbständig oder unselbständig, in Voll- oder Teilzeit) auch die Eigenarbeit (z. B. kochen für sich selbst, lernen), die Versorgungsarbeit (Erziehung, Pflege) und die Gemeinschaftsarbeit (ehrenamtliche Tätigkeiten).

Materialintensität beschreibt die Menge an Material (Rohstoffen), die eingesetzt werden muss, um eine Einheit wirtschaftlicher Wertschöpfung herzustellen, und wird in Tonnen pro EURO angegeben (siehe auch *Ressourcenproduktivität*).

Nachhaltige Entwicklung: Eine Entwicklung, die wirtschaftliche Leistungsfähigkeit und soziale Sicherheit mit der langfristigen Erhaltung der natürlichen Lebensgrundlagen in Einklang bringt.

Naturkapital: Alle Bereiche der Natur und der Ökosysteme, die für den Menschen Güter und Dienstleistungen bereitstellen (siehe auch *Natürliche Ressourcen* und *Ökosystemdienstleistungen*).

Natürliche Ressourcen umfassen alle Rohstoffe, die der Mensch zur Herstellung von Gütern und Bereitstellung von Dienstleistungen benötigt. Es wird zwischen erneuerbaren (z. B. Nahrungsmittel, Holz) und nicht-erneuerbaren (z. B. fossile Energieträger, Metalle) Ressourcen unterschieden.

Ökoeffizienz: Ein bestimmter Output (Produktion, im weiteren Sinne auch der Konsum) von Gütern und Dienstleistungen wird mit möglichst geringem Einsatz natürlicher Ressourcen hergestellt.

Ökologischer Fußabdruck: Der ökologische Fußabdruck macht deutlich, wie viel Land- und Wasserfläche notwendig ist, um die Produktions- und Konsumaktivitäten etwa einer Stadt oder eines Landes dauerhaft aufrechtzuerhalten. Dabei wird sowohl die Bereitstellung von Rohstoffen als auch die Aufnahme von Abfällen und Emissionen eingerechnet.

Ökologischer Rucksack: Ökologische Rucsäcke machen den Verbrauch an Natur sichtbar, der hinter jedem Produkt (oder hinter jeder Dienstleistung) steckt. Sie beinhalten einerseits ungenutzte Materialien bei der Rohstoffentnahme (z. B. Abraum des Bergbaus), andererseits all jene Materialien, die im Ausland benötigt wurden, um importierte Produkte zu erzeugen.

Ökosphäre ist ein Synonym für den Begriff Biosphäre (siehe *Biosphäre*).

Ökosystem umfasst ein System von Lebewesen und ihrer unbelebten Umwelt, inklusive ihrer Wechselbeziehungen. Die Gesamtheit aller Ökosysteme der Erde wird als Bio- oder Ökosphäre bezeichnet.

Ökosystemdienstleistungen beschreiben solche »Dienstleistungen«, die von der Natur erbracht werden und die von Menschen genutzt werden können. Beispiele für Ökosystemdienstleistungen sind das Bestäuben von Obstblüten durch Insekten, die Bereitstellung vonSüß- und Trinkwasser durch Niederschlag und natürliche Filtration, die Verfügbarkeit von Fischen als Nahrungsmittel in aquatischen Ökosystemen oder die Bereitstellung von frischer Luft.

Organische Lösungsmittel sind bei Zimmertemperatur flüssige und mehr oder weniger leicht verdunstende, d. h. leichtflüchtige

Stoffe, die andere Stoffe in sehr feiner Verteilung aufnehmen können, ohne sich oder die aufgenommenen Stoffe chemisch zu verändern. Wir finden sie in Lacken, Farben, Klebstoffen, Holzschutzmitteln, Beizen und dergleichen. Sie sind Vorläufersubstanzen für die Bildung von Ozon in der unteren Atmosphäre.

Permafrostboden (oder auch Dauerfrostboden) ist Boden, der ab einer gewissen Tiefe das ganze Jahr hindurch gefroren ist. Er kann im Sommer oberflächlich auftauen. Große Teile Nordkanadas, Alaskas, Grönlands und Ostsibiriens bestehen aus Permafrostböden. Permafrost dringt dabei unterschiedlich tief in den Untergrund: In Nordrussland erreicht der Permafrost Tiefen von bis zu 1450 Meter Bodentiefe, in Skandinavien sind es lediglich 20 Meter.

Pestizide: Sammelbegriff für alle chemischen Schädlingsbekämpfungsmittel. Am häufigsten verwendet werden Insektizide, Herbizide und Fungizide. Viele Pestizide haben unerwünschte Nebenwirkungen. Sie konnten sich in der Vergangenheit in den Nahrungsketten anreichern und Menschen und Tiere beeinträchtigen. Durch gesetzliche Maßnahmen ist inzwischen erreicht worden, dass die Pestizidrückstände in den Nahrungsketten deutlich zurückgegangen sind.

pH-Wert ist ein Maß für die Stärke der sauren bzw. basischen Wirkung einer Lösung. $pH < 7$ entspricht einer sauren Lösung; $pH = 7$ entspricht einer neutralen Lösung; $pH > 7$ entspricht einer alkalischen Lösung.

Phytoplankton ist pflanzliches Plankton (Kieselalgen, Grünalgen, Goldalgen u. a.). Es kommt in stehenden und langsam fließenden Gewässern vor, wo es die Basis der Nahrungspyramide bildet. Es wird vom Zooplankton und Tieren, die am Boden von Meeren und Binnengewässern leben, gefressen. Es baut seinen Körper durch die Fotosynthese aus CO_2 und Nährstoffen auf.

ppm (*parts per million*, deutsch: Teile pro Million) steht für einen in Millionstel-Teilen ausgedrückten Zahlenwert, so wie Prozent (%) für Hundertstel steht.

Prognose bezeichnet die Vorhersage eines Ereignisses, Zustands oder einer Entwicklung.

Ressourcenproduktivität zeigt an, wie viel wirtschaftliche Wertschöpfung (z. B. EURO) aus einer Einheit natürlicher Ressourcen (z. B. einer Tonne Aluminium) gewonnen werden kann. Die Ressourcenproduktivität ist der Kehrwert der Materialintensität.

Sauerstoff-Isotope: Ein Element, z. B. Sauerstoff, besitzt ein oder wenige stabile Isotope, die sich durch die unterschiedliche Anzahl von Neutronen im Atomkern unterscheiden. Das häufigste stabile Sauerstoffisotop ist ^{16}O, daneben kommt in der Natur noch ^{18}O vor. Ihr Anteilsverhältnis in Eisbohrkernen kann zur Schätzung der Durchschnittstemperatur früherer Zeiten dienen, da Wassermoleküle mit dem leichteren ^{16}O schneller verdunsten. Eisschichten mit einem höheren relativen Anteil an ^{18}O stammen demnach aus wärmeren Zeiten.

Schwefeloxid (SO_2) entsteht vor allem bei der Verbrennung von Kohle und Heizöl (schwer). In hohen Konzentrationen schädigt SO_2 Mensch, Tiere und Pflanzen, die Oxidationsprodukte führen zu »Saurem Regen«. Dieser gefährdet empfindliche Ökosysteme wie den Wald und Seen in Skandinavien. Der Saure Regen greift aber auch Gebäude und Materialien an. Partikelförmige Sulfate tragen zur großräumigen Belastung durch Feinstaub bei.

Schwellenwert ist der kleinste Wert einer physikalischen oder physiologischen Größe, der als Ursache für eine nachweisbare Veränderung ausreicht.

Sozialkapital bezeichnet die Beziehungen zwischen Menschen und Organisationen, die für das Funktionieren arbeitsteiliger Gesellschaften unerlässlich sind. Sozialkapitalmessungen der OECD zeigen, dass diese Beziehungen quantitativ wie qualitativ abnehmen.

Stickoxide (NO_x) umfassen Stickstoffmonoxid (NO) und Stickstoffdioxid (NO_2). Für den Menschen ist besonders NO_2 durch die Beeinträchtigung der Lungenfunktion schädlich. Die Stickstoffoxide führen zusammen mit Kohlenwasserstoffen zur Ozonbildung im Sommer. Außerdem sind die Stickstoffoxide mitverantwortlich bei der Versauerung und Eutrophierung (Überdüngung) von Böden und Gewässern. In der kalten Jahreszeit entsteht aus gasförmigen Stickoxiden und Ammoniak partikelförmiges Ammoniumnitrat. Dieses trägt zu einer großräumigen Belastung durch Feinstaub (PM10) bei.

Subsidiarität: Entscheidungen sollen möglichst auf unteren Ebenen des sozialen Gefüges getroffen werden (Gemeinde, Region, Staat) und höhere Ebenen (Staat, EU, UNO) nur dann eingreifen, wenn übergeordnete Interessen zu berücksichtigen sind.

Suffizienz bedeutet, sich materiell mit dem Ausreichenden zu begnügen. Das Ausreichende wiederum kann definiert werden als alles, was nicht zu viel ist. Geht man davon aus, dass es ab einem bestimmten materiellen Wohlstand zu keinen großen Steigerungen des individuellen Glücks / Wohlbefindens mehr kommt, gibt es in den industrialisierten Ländern ein erhebliches Potenzial an Suffizienzsteigerung einerseits und an Lebensqualitätssteigerung andererseits.

System: Ein System besteht aus einer (größeren) Anzahl von Elementen und deren Eigenschaften sowie aus den Beziehungen zwischen diesen Elementen untereinander und mit der Systemumgebung.

Szenarien sind Beschreibungen von möglichen Wegen in die Zukunft. Sie bauen auf Annahmen auf, wie derzeitige Trends sich entwickeln werden, wie kritische Unsicherheiten gelöst werden und welche neue Faktoren einen Einfluss haben werden. Szenarien sind nicht Vorhersagen oder Prognosen. Sie sind Bilder von möglichen Wegen und Zuständen in der Zukunft und zeigen, was passieren könnte, wenn die Annahmen geändert werden.

Transition management bedeutet einen kollektiven und kooperativen Versuch, nachhaltigen gesellschaftlichen Wandel schrittweise und unter Einbindung möglichst aller gesellschaftlichen Akteure (Governance) zu fördern. Diese Form von Management versucht dabei auf die iterative Dynamik sozioökonomischer Wechselbeziehungen einzugehen.

Transdisziplinär: Unter Transdisziplinarität versteht man die übergreifende Zusammenarbeit zwischen Wissenschaftlern unterschiedlicher Disziplinen und nichtwissenschaftlichen Akteuren aus der Praxis zur Lösung von Problemen

Umweltraum: Der Umweltraum beschreibt die Gesamtmenge an Energie, Rohstoffen sowie Fläche, die jeder Mensch nutzen kann, ohne den natürlichen Systemen irreversible Schäden zuzufügen.

Verursacherprinzip: Das Verursacherprinzip ist der sowohl für den Produzenten wie Konsumenten in allen Umweltbereichen geltende Grundsatz, dass derjenige die Kosten für die Folgen seines umweltbelastenden Verhaltens oder Unterlassens zu tragen hat, der sie verursacht hat.

Vorsorgeprinzip ist ein wesentlicher Grundsatz der aktuellen Umweltpolitik, nach dem Umweltbelastungen bzw. -schäden im Voraus vermieden oder weitestgehend verringert werden sollen. Es ist damit eine Risiko- bzw. Gefahrenvorsorge. Die Rio-Konferenz formulierte es so: »Angesichts der Gefahr irreversibler Umweltschäden soll ein Mangel an vollständiger wissenschaftlicher Gewissheit nicht als Entschuldigung dafür dienen, Maßnahmen hinauszuzögern, die in sich selbst gerechtfertigt sind. Bei Maßnahmen, die sich auf komplexe Systeme beziehen, die noch nicht voll verstanden worden sind und bei denen die Folgewirkungen von Störungen noch nicht vorausgesagt werden können, könnte der Vorsorgeansatz als Ausgangsbasis dienen.«

Well-being (Wohlbefinden) ist die subjektive Wahrnehmung, die Zufriedenheit mit der individuellen Lebensqualität.

Wirtschaftswachstum ist die Erhöhung des Wertes an Gütern und Dienstleistungen, die die Wirtschaft eines Landes, einer Region oder der ganzen Welt im Vergleich zum Vorjahr in einem Jahr verkauft.

Wohlstand ist ein Sammelbegriff aller objektiven Faktoren, die die Lebensqualität eines Menschen oder der gesamten Bevölkerung bestimmen.

Work Life Balance bedeutet ein ausgewogenes Leben zwischen Erwerbsarbeit, Freizeit, Gemeinschaftsarbeit und Versorgungstätigkeiten.

Literaturhinweise

1. Der globale Wandel

Carson, Rachel: *Der stumme Frühling*, München, 1976.

Crutzen, Paul: »Das stratosphärische Ozonloch: Eine durch menschliche Aktivitäten erzeugte chemische Instabilität in der Atmosphäre«. In: BMU (Hg.): *10 Jahre Montrealer Protokoll* (Reihe Umweltpolitik). Bonn 1997.

Fischer, Ernst Peter und Klaus Wiegandt (Hg.): *Die Zukunft der Erde. Was verträgt unser Planet noch?*, Frankfurt a. M. 2005.

Luhmann, Hans-Jochen: *Die Blindheit der Gesellschaft*, München 2001.

Mauser, Wolfram: »Das blaue Gold«. In: Fischer, Ernst Peter und Klaus Wiegandt (Hg.): *Die Zukunft der Erde. Was verträgt unser Planet noch?*, Frankfurt a. M. 2005.

Meadows, Dennis, Donella Meadows, Erich Zahn, Peter Milling: *Die Grenzen des Wachstums, Bericht des Club of Rome zur Lage der Menschheit*, Reinbek bei Hamburg 1973.

Münz, Rainer: »Weltbevölkerung und weltweite Migration. Wie weit wächst die Zahl der Menschen?« In: Fischer, Ernst Peter und Klaus Wiegandt (Hg.): *Die Zukunft der Erde. Was verträgt unser Planet noch?*, Frankfurt a. M. 2005.

Richardson, Katherine: »Der globale Wandel und die Zukunft der Ozeane. Auf dem Weg zu einer Wissenschaft für das System Erde«. In: Fischer, Ernst Peter und Klaus Wiegandt (Hg.): *Die Zukunft der Erde. Was verträgt unser Planet noch?*, Frankfurt a. M. 2005.

Steffen, Will, Angelina Sanderson, Peter D. Tyson, Jill Jäger, Pamela

A. Matson, Berrien Moore III, Frank Oldfield, Katherine Richardson, Hans Joachim Schellnhuber, Billie L. Turner II und Robert J.
Wasson: *Global Change and the Earth System: A Planet under
pressure*, Berlin 2004.

World Commission on Environment and Development: *Unsere gemeinsame Zukunft. Der Brundtland-Bericht der Weltkommission
für Umwelt und Entwicklung*, Greven 1987.

World Resources Institute: *The Wealth of the Poor: Managing Eco-
systems to fight poverty*,Washington D. C. 2005.

Wuppertal Institut: *Fair Future*, Wuppertal 2005.

Für weitere Information zu Themen, die in diesem Kapitel diskutiert
sind:

Lexikon der Nachhaltigkeit: www.nachhaltigkeit.info/

Wissenschaftlicher Beirat der Bundesregierung Globale Umweltveränderungen: http://www.wbgu.de/

Armin Grünwald und Jürgen Kopfmüller: *Nachhaltigkeit*, Frankfurt
a. M. / New York 2006.

Sustainable Europe Research Institute: www.seri.at

2. Das System Erde

Fuggle, R. F.: »Lake Victoria: A case Study of complex interrelation-
ships«. In: *Africa Environmental Outlook. Case Studies. Human
Vulnerability to Environmental Change*. UNEP, Nairobi, p.75-85,
2004.

Gordon, C. und J. K. Ametekpor: »The sustainable integrated development of the Volta Basin in Ghana«. Volta Basin Research Project, Accra 1999.

IPCC, Intergovernmental Panel for Climate Change: *Climate
Change 2001: The Scientific Basis*. Cambridge, UK 2001.

Keeling, C. D. und T. P. Whorf: »Atmospheric CO_2 records from
sites in the SIO air sampling network«. In: US Department of

Energy (Hg.): *Trends: A compendium of data on global change*, Carbon Dioxide Information Analysis Center, Oak Ridge National Laboratory, US Department of Energy, Oak Ridge, TN 2000.

Kromp-Kolb, Helga und Herbert Formayer. »*Schwarzbuch Klimawandel. Wie viel Zeit bleibt uns noch?*« Salzburg 2005.

Latif, Mojib: Bringen wir das Klima aus dem Takt? Hintergründe und Prognosen. Frankfurt a. M. 2007.

Petit, J. R. et al.: »Climate and atmospheric history of the past 420 000 years from the Vostok ice core, Antarctica«. In: *Nature* 1999.

Richardson, Katherine: »Der globale Wandel und die Zukunft der Ozeane. Auf dem Weg zu einer Wissenschaft für das System Erde«. In: Fischer, Ernst Peter und Klaus Wiegandt (Hg.): *Die Zukunft der Erde. Was verträgt unser Planet noch?*, Frankfurt a. M. 2005.

Steffen, W., A. Sanderson, P. D. Tyson, J. Jäger, P. A. Matson, B. Moore III, F. Oldfield, K. Richardson, H. J. Schellnhuber, B. L. Turner, R. J. Wasson: *Global Change and the Earth System: A Planet Under Pressure.* Berlin, Heidelberg, New York 2004.

UNEP, United Nations Environment Programme. *Global Environmental Outlook 2000.* 1999. http://www.unep.org/geo.

UNEP, United Nations Environment Programme. *Global Environmental Outlook 3.* 2002. http://www.unep.org/geo.

Wagner, Hermann-Josef: *Was sind die Energien des 21. Jahrhunderts? Der Wettlauf um die Lagerstätten.* Frankfurt a. M. 2007 (im Erscheinen).

3. Ressourcenverbrauch – wir leben über unsere Verhältnisse

Behrens, A., S. Giljum: »Erste Anzeichen einer Entkoppelung. Die materielle Basis der Weltwirtschaft und ihre globale Ungleichverteilung«. In: *Ökologisches Wirtschaften* 1 / 2005, 28–29.

Binswanger, H. C.: *Die Wachstumsspirale. Geld, Energie und Imagination in der Dynamik des Marktprozesses.* Metropolis 2006.

Blume, G.: »Der Kampf gegen den Boom«. In: *Die Zeit* 24 / 2004.

Daly, H.: *Wirtschaft jenseits von Wachstum*. Salzburg 1999.

Diamond, J.: »Easter's islands end«. In: *Discover* 1995, 63–69.

Fischer-Kowalski, M., H. Haberl, W. Hüttler, H. Payer, H. Schandl, V. Winiwarter, H. Zangerl-Weisz (Hg.): *Gesellschaftlicher Stoffwechsel und Kolonisierung von Natur*, Amsterdam 1997.

Hahlbrock, Klaus: *Kann unsere Erde die Menschen noch ernähren? Bevölkerungsexplosion – Umwelt – Gentechnik*. Frankfurt a. M. 2007.

International Energy Agency (IEA): CO_2 Emissions from Fossil Fuel Combustion, Paris 2004. Electronic database available online at: http://data.iea.org / ieastore / default.asp.

Jancke, G.: *Ansatz zur Berechnung und Vermittlung der Nachhaltigkeit der Stadt Hamburg mit Hilfe eines aggregierten Indikators – Möglichkeiten der Nutzung im lokalen Agenda 21-Prozeß*. Universität Lüneburg, Institut für Umweltkommunikation, Lüneburg 1999.

Latif, Mojib: *Bringen wir das Klima aus dem Takt? Hintergründe und Prognosen*. Frankfurt a. M. 2007.

Meadows, D. H., Club of Rome: *The Limits to Growth: A Report for the Club of Rome's Project on the Predicament of Mankind*. New York 1972.

Myers, N., J. Kent: »New consumers. The influence of affluence on the environment«. In: *PNAS* 100 (8) 2003, 4963–4968.

Neumayer, E.: *Weak Versus Strong Sustainability: Exploring the Limits of Two Opposing Paradigms*. Cheltenham 2003.

Opschoor, J. B.: »Ecospace and the fall and rise of throughput intensity«. In: *Ecological Economics* 15, 1995, S. 137–141.

Porritt, J.: *Capitalism as if the world matters*. London 2005.

Riedl, R., M. Delpos (Hg.): *Die Ursachen des Wachstums. Unsere Chancen zur Umkehr*. Wien 1996.

Schmidt-Bleek, F. (Hg.): *Der ökologische Rucksack. Wirtschaft für eine Zukunft mit Zukunft*. Stuttgart 2004.

Schmidt-Bleek, F.: *Nutzen wir die Erde richtig? Die Dienstleistungen der Natur und die Arbeit des Menschen*. München 2007.

Schnauss, M.: *Der ökologische Fußabdruck der Stadt Berlin*. En-
quetekommission »Lokale Agenda 21 / Zukunftsfähiges Berlin«
des Abgeordnetenhauses von Berlin, Berlin 2001.

Schütz, H., S. Bringezu, S. Moll: *Globalisierung und die Verlagerung
von Umweltbelastungen. Die Stoffströme des Handels der Europäischen Union*. Wuppertal Paper. No. 134. Wuppertal Institute,
Wuppertal 2003.

Sieferle, R. P.: *Rückblick auf die Natur. Eine Geschichte des Menschen und seiner Umwelt*. München 1997.

Spangenberg, J. (Hg.): *Sustainable Europe. The study. Friends of the
Earth*, Brussels 1995.

Wackernagel, M., W. Rees: *Unser ökologischer Fußabdruck: Wie der
Mensch Einfluss auf die Umwelt nimmt*. Basel, Boston, Berlin
1997.

World Bank: *Global economic prospects: Realizing the developing
promise of the Doha agenda*. World Bank, Washington 2003.

World Resources Institute: *Earth Trends. Environmental Information*. Washington 2005.

World Trade Organisation: *International trade statistics 2005*. Ge-
neva 2005.

Wuppertal Institut für Klima, Umwelt, Energie (Hg.): *Fair Future.
Begrenzte Ressourcen und globale Gerechtigkeit*. München 2005.

WWF, UNEP, Global Footprint Network: *Living Planet Report 2004*.
WWF, Gland, Switzerland 2004.

4. Visionen einer nachhaltigen Zukunft

Aachener Stiftung Kathy Beys (Hg.): *Ressourcenproduktivität als
Chance – Ein langfristiges Konjunkturprogramm für Deutschland*. Norderstedt 2005.

Bergmann, Frithjof: *Neue Arbeit, neue Kultur*. Freiamt 2005.

Brandl, Sebastian, Eckart Hildebrandt: *Zukunft der Arbeit und soziale Nachhaltigkeit*. Reihe »Soziologie und Ökologie«, Band 8.
Opladen 2002.

BMFSFJ (Bundesministerium für Familie, Senioren, Frauen und Jugend), Statistisches Bundesamt: *Wo bleibt die Zeit? Die Zeitverwendung der Bevölkerung in Deutschland 2001/2002.* In: www.destatis.de/presse/deutsch/pk/2003/wbdz.pdf.

Fischer, H. et al.: »Wachstums- und Beschäftigungsimpulse rentabler Materialeinsparungen«. In: *Wirtschaftsdienst* 2004/04.

Frey, Bruno, Stutzer, Alois: »Happiness Research: State and Prospects«. In: *Review of Social Economy.*Vol 62 No 2, 2005. S. 207–228.

Gehmacher, Kroismayr und Neumüller: *Sozialkapital. Neue Zugänge zu gesellschaftlichen Kräften.* Wien 2006.

Grimm, Jordis: *Glücksforschung – und was Regionen davon lernen können.* SERI Background Paper No. 10, 2006. www.seri.at

Jasch, Ch., Deb. Savage: *Internationale Leitlinie Umweltkostenrechnung.* International Federation of Accountants, IFAC. Deutsche Übersetzung im Auftrag von Bundesministerium für Verkehr, Innovation und Technik erschienen in den Berichten aus Energie- und Umweltforschung des BM VIT 44/2005.

Kahnemann, Daniel und Alan Krueger: »Developments in the Measurement of Subjective Well-Being«. In: *Journal of Economic Perspectives.* Vol. 20, No. 1, 2006. S. 3–24.

Layard, Richard: *Die Glückliche Gesellschaft – Kurswechsel für Politik und Wirtschaft.* Frankfurt a. M., New York 2005.

NEF – New Economics Foundation: »A Well-Being Manifesto for a Flourishing Society«. In: *The Power of Well-Being Paper.* No 3, 2004.

Schaffer, A., Stahmer, C.: *Die Halbtagsgesellschaft – ein Konzept für nachhaltigere Produktions- und Konsummuster.* GAIA – Ecological Perspectives for Science and Society 2005.

Stocker, Andrea, Friedrich Hinterberger, Sophie Strasser: »Verteilung von Arbeit und Einkommen«. In: *Die Halbtagsgesellschaft – konkrete Utopie für eine zukunftsfähige Gesellschaft.* Hg. von Susanne Hartard, Carsten Stahmer und Axel Schaffer, Baden-Baden 2006. S. 77–84.

5. Wege in die Nachhaltigkeit

Dahrendorf, R.: *Auf der Suche nach einer neuen Ordnung*. München 2005.

Fischer, Ernst Peter und Klaus Wiegandt (Hg.): *Die Zukunft der Erde. Was verträgt unser Planet noch?* Frankfurt a. M. 2005.

Forum Nachhaltiges Österreich (Hg.): *Nicht Nachhaltige Trends 2006.* http://www.nachhaltigkeit.at/strategie.php3?forum=aktivitaeten (15. Juli 2006)

Hüther, Michael: *Integrierte Steuer-Transfer-Systeme für die Bundesrepublik Deutschland: normative Konzeption und empirische Analyse*. Berlin 1990.

Kommission der Europäischen Gemeinschaften: *Europäisches Regieren. Ein Weißbuch* KOM (2001) 428.

Kraus, D. et al.: »Leerlaufverbrauch strombetriebener Haushalts- und Bürogeräte«. In: *Energiewirtschaftliche Tagesfragen*, 56. Jg., Heft 4, S. 60–63 (Teil 1) und Heft 5, 2006, S. 44–48 (Teil 2).

Mauser, Wolfram: »Das blaue Gold: Wasser«. In: Fischer, Ernst Peter und Klaus Wiegandt (Hg.): *Die Zukunft der Erde. Was verträgt unser Planet noch?*, Frankfurt a. M. 2005.

Oxfam: *Rigged rules and double standards. Trade, globalisation and the fight against poverty*. Oxford, UK 2002.

Voss, J. P., D. Bauknecht, R. Kemp (Hg.): *Reflexive Governance for Sustainable Development*. Cheltenham 2006.

Wagner, Hermann-Josef: *Was sind die Energien des 21. Jahrhunderts? Der Wettlauf um die Lagerstätten*. Frankfurt a. M. 2007 (im Erscheinen).

Abbildungsnachweise

Abb. 1.1, 1.3, 2.3 nach Steffen et al., 2004; Abb. 1.4 nach Schellnhuber, 2000; Abb. 2.2 nach Petit et al., 1999; Abb. 2.4, 2.5 nach Kromp-Kolb und Formayer, 2005; Abb. 3.1 nach Bringezu, Stefan, 2000; Abb. 3.2 nach Daly, H., 1999; Abb. 3.3. nach International Energy Agency, 2004; Abb. 3.4 nach Wuppertal Institut, 2005; Abb. 4.1 nach IHK Hannover; Abb. 4.2 nach NEF 2004. Alle Grafiken: Peter Palm, Berlin.

Forum für Verantwortung

Friedrich Schmidt-Bleek
Nutzen wir die Erde richtig?
Die Leistungen der Natur und die Arbeit des Menschen
Herausgegeben von Klaus Wiegandt
Band 17275

Mehr als zwei Planeten Erde wären nötig, um allen Menschen einen materiellen Lebensstandard zu ermöglichen, wie er heute im Westen mit nur 20 % der Weltbevölkerung üblich ist. Die Weltwirtschaft ist heute so ausgerichtet, dass die Leistungen der Natur, ohne die der Mensch nicht leben kann, täglich mehr beschädigt werden und die Nachhaltigkeit in immer größere Ferne rückt.

Friedrich Schmidt-Bleek, Professor für Chemie und Präsident des Factor 10 Institute in Frankreich, fordert daher eine radikale Erhöhung der Ressourcenproduktivität und zeigt, dass dies technisch möglich ist, ohne Lebensqualität einzuschränken.

Fischer Taschenbuch Verlag

fi 17275 / 1

Forum für Verantwortung

Mojib Latif
Bringen wir das Klima aus dem Takt?
Hintergründe und Prognosen
Herausgegeben von Klaus Wiegandt
Band 17276

Globale Erwärmung, schmelzende Gletscher, ansteigender Meeresspiegel. Es besteht kein Zweifel: Der Klimawandel ist in vollem Gange und der Mensch hat in zunehmendem Maße Anteil daran.

Mojib Latif, Klimaforscher und Professor für Meteorologie, zeigt, dass das Klimaproblem lösbar ist. Noch ist Zeit zum Handeln, daher führt Latif konkrete Handlungsoptionen auf und setzt sich mit Einwänden seitens der Skeptiker auseinander.

Fischer Taschenbuch Verlag

fi 17276 / 1

Forum für Verantwortung

Klaus Hahlbrock
Kann unsere Erde die Menschen
noch ernähren?
Bevölkerungsexplosion – Umwelt – Gentechnik
Herausgegeben von Klaus Wiegandt

Band 17272

Fast eine Milliarde Menschen leiden weltweit an Hunger und Unterernährung. Die Weltbevölkerung wächst weiterhin dramatisch an, Umwelt und Klima sind massiven Bedrohungen ausgesetzt und die landwirtschaftliche Produktion stagniert.

Klaus Hahlbrock, Professor für Biochemie, stellt sich der zentralen Frage, wie der Hunger in der Welt besiegt und gleichzeitig die Vielfalt der Natur erhalten werden kann. Er wirbt für einen bewussteren, schonenderen und verantwortungsvolleren Umgang mit der Natur und uns selbst.

Fischer Taschenbuch Verlag

Die Zukunft der Erde
Was verträgt unser Planet noch?
Herausgegeben von
Ernst Peter Fischer und Klaus Wiegandt
Band 17126

Vom Umgang mit den Ressourcen unseres Planeten

International renommierte Experten verschiedener Diszi-
plinen über Grenzen, Möglichkeiten und Szenarien der Zu-
kunft unseres Planeten und der Weltgesellschaft. Beiträge
von Gerd Eisenbeiß, Klaus Hahlbrock, William Haseltine,
Mojib Latif, Jochen Luhmann, Wolfram Mauser, Rainer
Münz, David Pearce, Joachim Radkau, Josef H. Reichholf,
Katherine Richardson, Jonathan Schell, Friedrich Schmidt–
Bleek, Klaus Schoer und Ernst Ulrich von Weizsäcker.

Fischer Taschenbuch Verlag

Die kulturellen Werte Europas

Herausgegeben von
Hans Joas und Klaus Wiegandt

Band 16402

Hat Europa eine kulturelle Identität?

International renommierte Historiker, Soziologen, Philosophen und Religionswissenschaftler beschäftigen sich mit der kulturellen Tradition Europas, dem Entstehen und dem Wandel von Werten. Beiträge von Michael Borgolte, Shmuel N. Eisenstadt, Kurt Flasch, Wolfgang Huber, Hans Joas, Reinhart Koselleck, Gudrun Krämer, Christian Meier, Mark Mazower, Christoph Menke, Orlando Patterson, Wolfgang Reinhard, Dieter Senghaas, Wolfgang Schluchter, Helmut Thome und Peter Wagner.

Fischer Taschenbuch Verlag

fi 16402 / 1

Forum für Verantwortung
Mensch und Kosmos
Unser Bild des Universums
Herausgegeben von Ernst Peter Fischer
und Klaus Wiegandt

Band 16215

International renommierte Physiker, Biologen, Geologen und Philosophen beschäftigen sich mit dem Kosmos – seinem Ursprung, dem Leben in ihm und dem Bild, das sich aus seiner wissenschaftlichen Erforschung gewinnen lässt. Beiträge von Jürgen Audretsch, John D. Barrow, Stefan Bauberger, Gerhard Börner, Rolf Emmermann, Ernst Peter Fischer, Harald Fritzsch, Henning Genz, Gerda Horneck, Bernulf Kanitscheider, Rudolf Kippenhahn, Jürgen Mittelstraß, Martin Rees, Hubert Reeves und Joachim Trümper.

Fischer Taschenbuch Verlag

fi 16215 / 1

Forum für Verantwortung
Evolution
Geschichte und Zukunft des Lebens
Herausgegeben von Ernst Peter Fischer
und Klaus Wiegandt
Band 15905

Ein Panorama der modernen Evolutionsbiologie, Genetik und biotechnologischen Entwicklungshorizonte in Beiträgen von international renommierten Biologen, Genetikern, Medizinern, Zoologen, Wissenschaftsgeschichtlern und Philosophen. Beiträge von Ernst Peter Fischer, Josef H. Reichholf, Axel Meyer, Steve Jones, Simon Conway Morris, John C. Avis, Hans-Jörg Rheinberger, Werner Arber, Tom Kirkwood, Roland Prinzinger, Gerhard Vollmer, Wolf Singer, Lee M. Silver und Jürgen Brosius.

Fischer Taschenbuch Verlag